小学3年 国語

ハイクラステスト

はじめに

— 指導される方々へ —

この『**国語ハイクラステスト**』は、教科書の内容を十分理解したうえで、よりハイレベルな学力を目指す児童を対象に編集したものです。

本書は、小社既刊の『**国語標準問題集**』よりもさらに精選されたハイレベルな問題を集めるとともに、教科書で取り上げられている、いわゆる〝**発展的な学習内容**〟も収録してあり、将来、有名国立・私立中学校を受験される児童への「中学入試準備問題集」として活用していただけるようにもなっています。

また、ご家庭でも学習指導がしやすいように、解答編には「**考え方**」や「**指導の手引き**」も設けてあります。

もくじ

本書に関する最新情報は，当社ホームページにある本書の「サポート情報」をご覧ください。（開設していない場合もございます。）

1 漢字の読み

【　月　日】

学習内容とねらい

漢字の音読み・訓読みに注意しながら、正しく読めるようにします。特に、いくつもの読みがある漢字や、読み間違えやすい漢字は確実に覚えておきましょう。

標準クラス

1 次の漢字の読み方を書きなさい。

①家屋（　）　②明暗（　）　③全員（　）

④医院（　）　⑤駅長（　）　⑥入荷（　）

⑦開花（　）　⑧直感（　）　⑨悪化（　）

⑩湖岸（　）

2 次の漢字の読み方を書きなさい。

①育てる（　）　②泳ぐ（　）　③化ける（　）

④曲がる（　）　⑤苦い（　）　⑥軽い（　）

⑦係る（　）　⑧向かう（　）　⑨終える（　）

⑩定める（　）　⑪平たい（　）　⑫放す（　）

3 次の漢字の読み方の正しいほうをえらび、記号を○でかこみなさい。

①平面（ア ひらめん　イ へいめん）

②薬品（ア やくひん　イ くすりひん）

③暑気（ア あつけ　イ しょき）

④家路（ア いえじ　イ かろ）

⑤助手（ア じょうしゅ　イ じょしゅ）

⑥由来（ア ゆらい　イ ゆうらい）

⑦出世（ア しゅっせ　イ しゅつよ）

⑧他力（ア たぢから　イ たりき）

4 次の――線の漢字の読み方を書きなさい。

① ㋐ 深海（　　）
㋑ 深い海（　　）

② ㋐ 昼食（　　）
㋑ 昼休み（　　）

③ ㋐ 生物（　　）・
㋑ 生き物（　　）

④ ㋐ 宿題（　　）
㋑ 宿屋（　　）

⑤ ㋐ 大根（　　）
㋑ 根っこ（　　）

⑥ ㋐ 汽笛（　　）
㋑ 口笛（　　）

⑦ ㋐ 代表（　　）
㋑ 交代（　　）
㋒ 代わる（　　）

⑧ ㋐ 世界（　　）
㋑ 二十世紀（き）（　　）
㋒ 世の中（　　）

---

5 次の――線の漢字の読み方を書きなさい。

① つくえの上を整理した。（　　）

② 勉強は自分からしよう。（　　）

③ 父母に相談してみます。（　　）

④ 新緑があざやかだ。（　　）

⑤ 友だちを見送りに行く。（　　）

⑥ 羊の毛をかる。（　　）

⑦ お金を拾いました。（　　）

⑧ 犬のかい主をさがす。（　　）

⑨ 美しい絵をながめる。（　　）

ハイクラス

時間 25分　合かく点 75点　とく点　点

（　月　日）

1 次(つぎ)の漢字(かんじ)の読み方を書きなさい。（18点）

①列島（　）②東洋（　）③氷柱（　）
④内部（　）⑤世間（　）⑥湖（　）
⑦童話（　）⑧始業（　）⑨練習（　）

2 次の漢字の読み方を書きなさい。（10点）

①寒い（　）②調べる（　）③追う（　）
④悲しい（　）⑤持つ（　）⑥投げる（　）
⑦苦しい（　）⑧仕える（　）⑨守る（　）
⑩急ぐ（　）

3 次の――線の漢字の読み方を書きなさい。（36点）

①㋐登場（　）㋑登山（　）㋒木登り（　）
②㋐植物（　）㋑食物（　）㋒着物（　）
③㋐大豆（　）㋑豆腐(ふ)（　）㋒豆つぶ（　）
④㋐神社（　）㋑神童（　）㋒神様（　）
⑤㋐西洋（　）㋑東西（　）㋒西口（　）
⑥㋐鉄板（　）㋑黒板（　）㋒まな板（　）

4 次の――線の漢字の読み方を書きなさい。（36点）

① 子ども会を始めます。（　　）

② 海の神様を祭る。（　　）

③ 深(ふか)いきずを負う。（　　）

④ 街灯(がいとう)のない暗い道。（　　）

⑤ 車が動かなくなった。（　　）

⑥ 代表委員会(だいひょういいんかい)を開きます。（　　）

⑦ とびらを開放する。（　　）

⑧ 家族が全員(ぜんいん)そろった。（　　）

⑨ 表に出て遊(あそ)ぶ。（　　）

---

⑩ 重(おも)い荷物を運(はこ)ぶ。（　　）

⑪ 身近な人に聞いてみる。（　　）

⑫ 身長がまたのびた。（　　）

⑬ おかしを平等に分ける。（　　）

⑭ 自由に行動(こうどう)してもよい。（　　）

⑮ 体を後ろに反らす。（　　）

⑯ 太陽が西の山にしずんだ。（　　）

⑰ たくさんの千代紙。（　　）

⑱ いいことが起(お)こると期待する。（　　）

2 漢字の書き

学習内容とねらい

同音・同訓異字など、書き間違えやすい漢字に注意します。漢字の意味を考えながら、例文ごとに覚えていきましょう。ていねいに正しく書くことを心がけます。

〔　月　日〕

1 次の漢字を書きなさい。

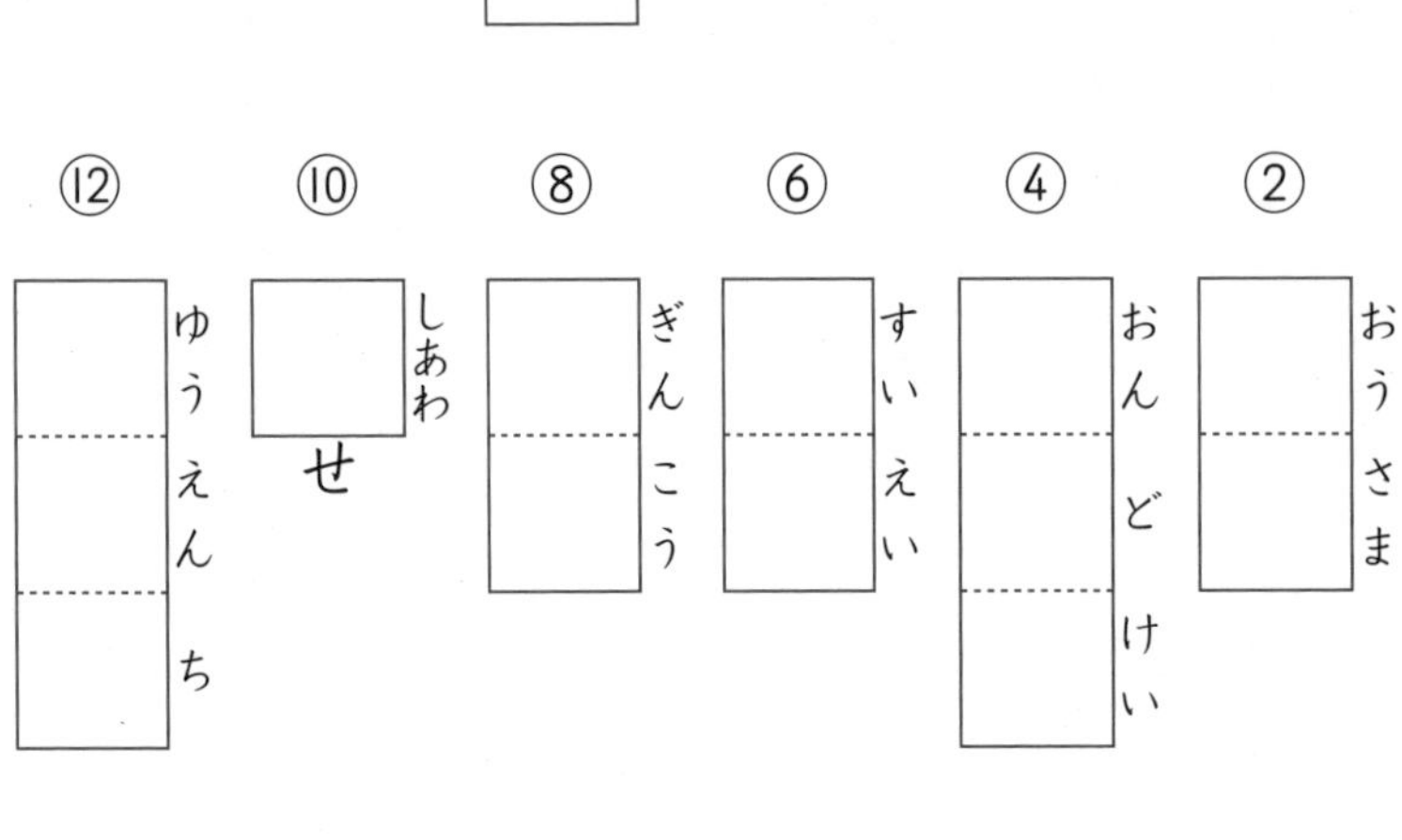

① しなもの
② おうさま
③ ゆのみ
④ おんどけい
⑤ どうぐ
⑥ すいえい
⑦ じてんしゃ
⑧ ぎんこう
⑨ けんきゅう
⑩ しあわせ
⑪ はなぢ
⑫ ゆうえんち

2 次の□にあてはまる漢字を書きなさい。

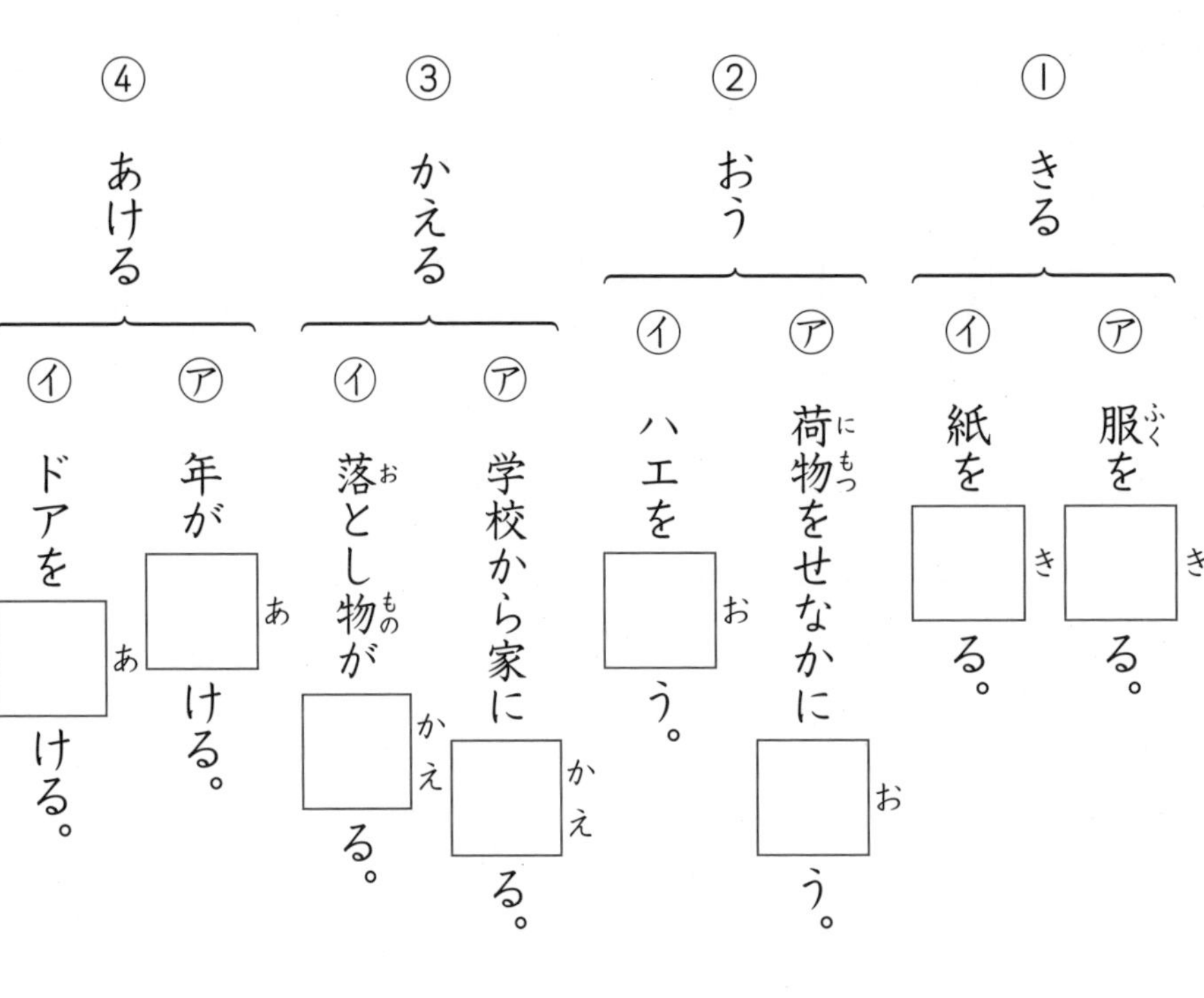

① きる
　㋐ 服を□(き)る。
　㋑ 紙を□(き)る。

② おう
　㋐ 荷物をせなかに□(お)う。
　㋑ ハエを□(お)う。

③ かえる
　㋐ 学校から家に□(かえ)る。
　㋑ 落とし物が□(かえ)る。

④ あける
　㋐ 年が□(あ)ける。
　㋑ ドアを□(あ)ける。

3 次の読みをもつ漢字をそれぞれ□に書き入れ、文を完成させなさい。

① シャ
- この作品の作□は不明です。
- 見本通りに書□する。

② キュウ
- 父は、高□な車を買った。
- □用ができたのでかえります。

③ オウ
- 事故でトラックが□転した。
- 駅の中□出口に集合する。

④ テイ
- 明日にも予□が決まるはずだ。
- 運動会の練習で校□に集まる。

4 次の漢字を書きなさい。

① 家族で□□(りょこう)をする。

② □□(やきゅう)を見に行く。

③ ビルの六□(かい)まで上る。

④ お□(れい)の手紙を書く。

⑤ ピアノを□(なら)っています。

⑥ 今度こそは相手チームに□(か)ちたい。

⑦ □□(むしば)がいたむ。

⑧ □□(ようき)な声ではしゃぐ。

ハイクラス

時間	合かく点	とく点
25分	75点	点

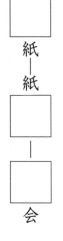

〔　月　日〕

1 次(つぎ)の漢字(かんじ)を書きなさい。（28点）

① さぎょう　□□

② しごと　□□

③ やくしょ　□□

④ しょうぶ　□□

⑤ しょちゅう□□みまい

⑥ おも□い荷物(にもつ)

⑦ くみあい　□□

⑧ としょかん　□□□

⑨ にほんしゅ　□□□

⑩ あくにん　□□

⑪ こうふく　□□

⑫ むぎばたけ　□□

⑬ けがわ　□□

⑭ ほどうきょう　□□□

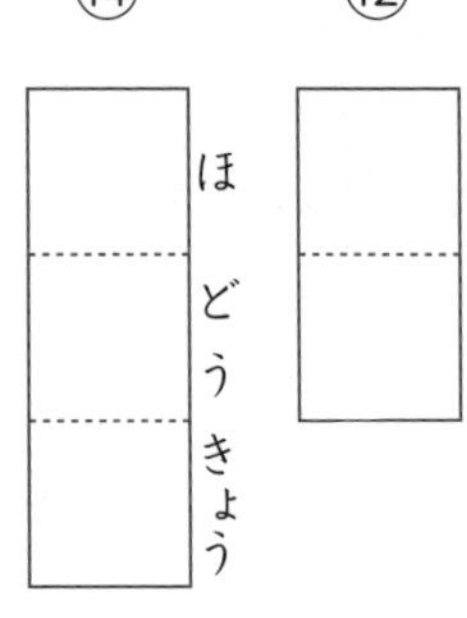

2 〈れい〉にならって、次の□にあてはまる漢字を書き入れ、漢字のしりとりを完成(かんせい)させなさい。（40点・しりとりの一字4点）

〈れい〉海水―水道―道路―路面

① 代□―□紙―紙□―□会

② 写□―□実―実□―□題

③ 安□―□開―開□―□送

④ 発□―□暗―暗□―□白

⑤ 勉□―□調―調□―□理

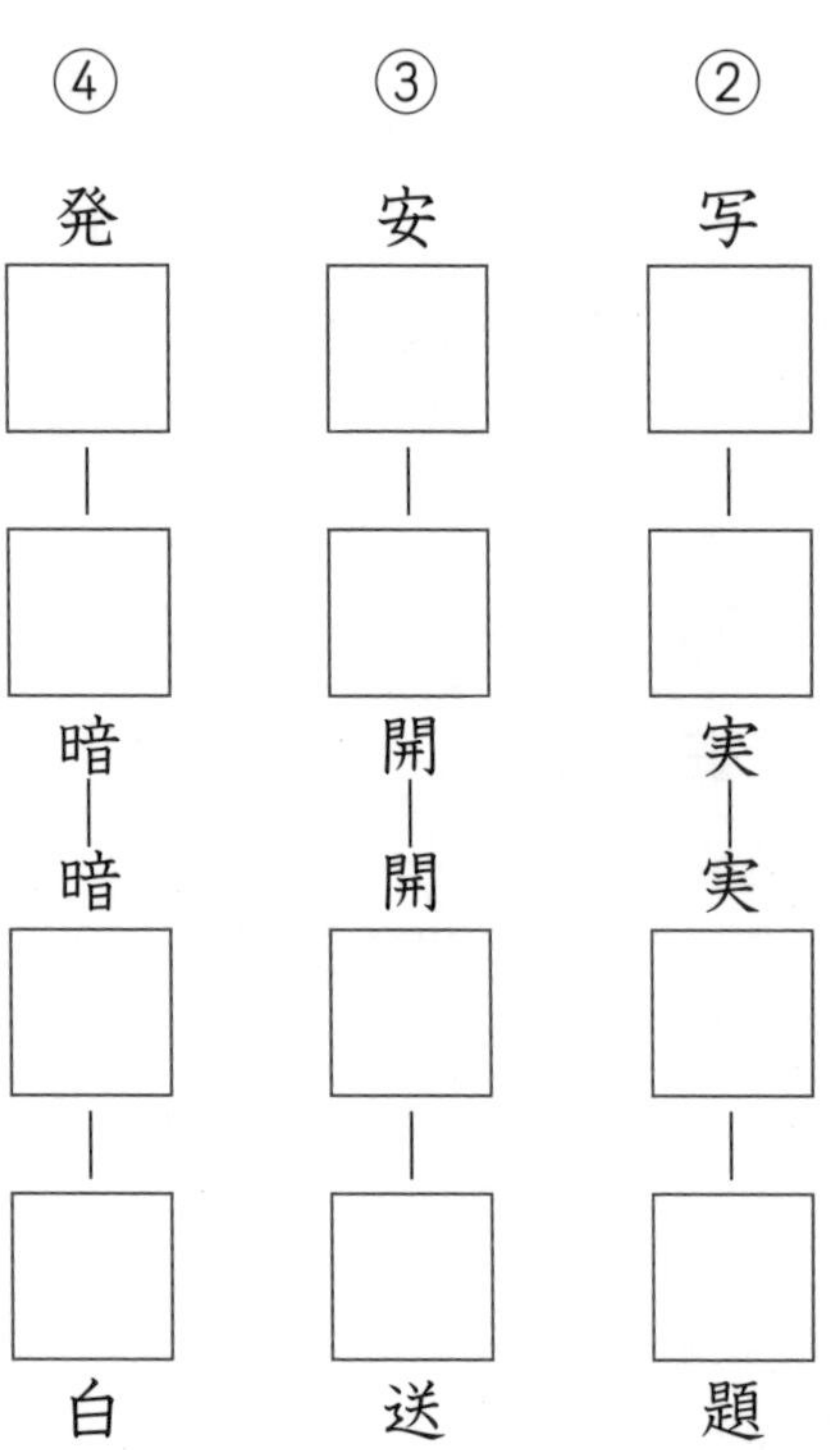

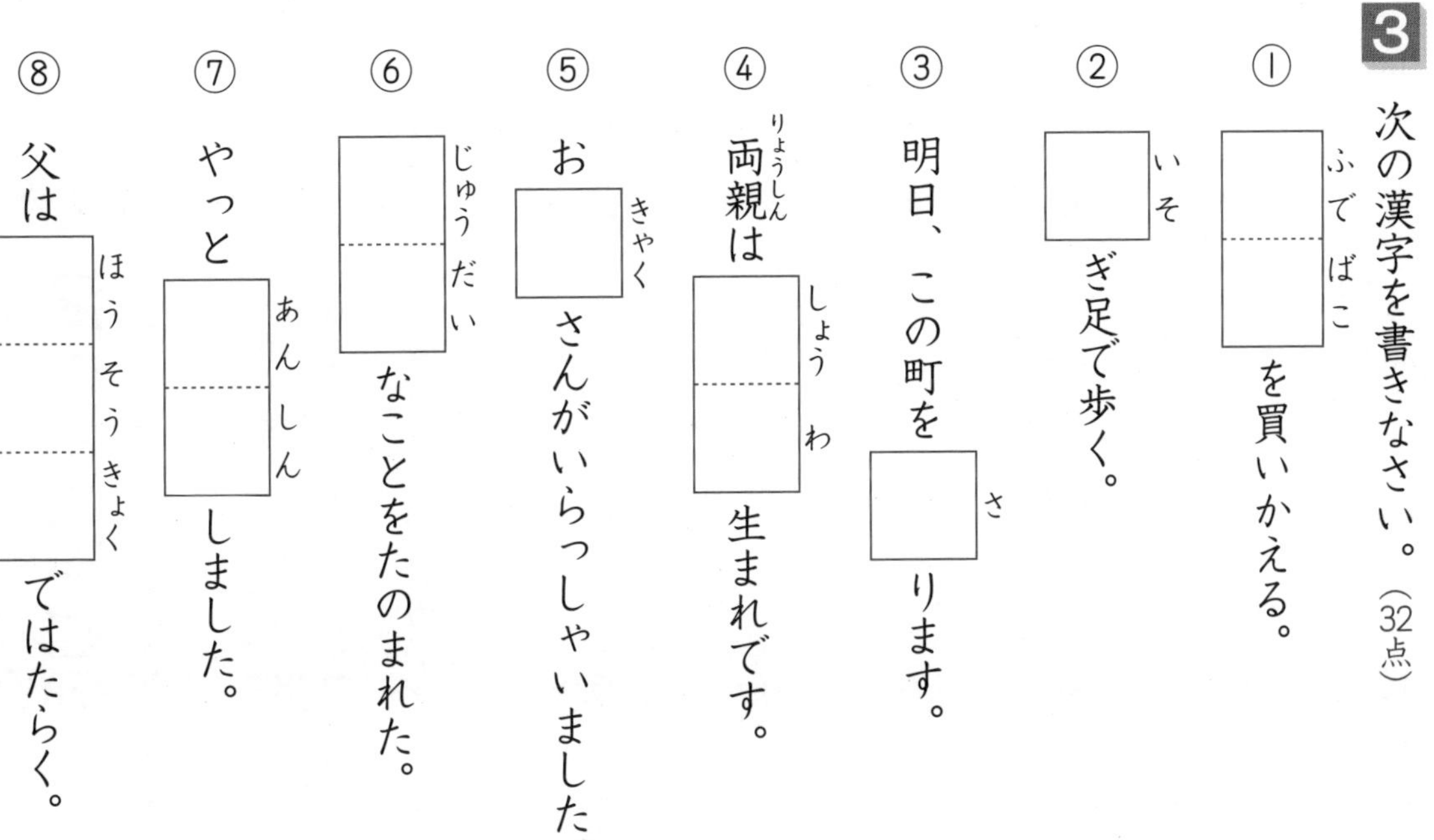

3 次の漢字を書きなさい。（32点）

① ［　　］（ふでばこ）を買いかえる。

② ［　］（いそ）ぎ足で歩く。

③ 明日、この町を［　］（さ）ります。

④ 両親（りょうしん）は［　　］（しょうわ）生まれです。

⑤ お［　］（きゃく）さんがいらっしゃいました。

⑥ ［　　］（じゅうだい）なことをたのまれた。

⑦ やっと［　　］（あんしん）しました。

⑧ 父は［　　　］（ほうそうきょく）ではたらく。

⑨ ［　　］（ゆうめい）な作家の本を読む。

⑩ 光は音より［　］（はや）い。

⑪ ［　　］（いしゃ）になるのが夢（ゆめ）です。

⑫ ［　　］（まふゆ）のような寒（さむ）さです。

⑬ お［　］（みや）まいりに出かけます。

⑭ 船が［　　］（にゅうこう）する。

⑮ ［　　］（せきゆ）を運（はこ）ぶ船。

⑯ 母は［　　］（だいどころ）にいます。

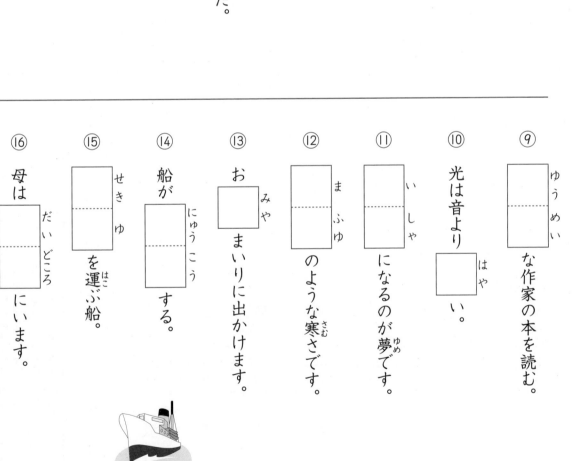

3 漢字の音と訓

（　月　日）

学習内容とねらい

一つ一つの漢字の音読みと訓読みを確実に覚えるようにしましょう。「幸せ」「幸い」のように、送りがなが異なると、読みも違う漢字があるので注意しましょう。

標準クラス

1 次の漢字の音読みをカタカナで書きなさい。

①港（　）
②部（　）
③薬（　）
④味（　）
⑤遊（　）
⑥帳（　）
⑦様（　）
⑧委（　）
⑨勉（　）
⑩歯（　）
⑪和（　）
⑫等（　）
⑬植（　）
⑭苦（　）
⑮速（　）
⑯助（　）
⑰級（　）
⑱館（　）

2 次の漢字の訓読みをひらがなで書きなさい。

①皿（　）
②岸（　）
③坂（　）
④球（　）
⑤宮（　）
⑥息（　）
⑦荷（　）
⑧橋（　）
⑨氷（　）
⑩君（　）
⑪係（　）
⑫表（　）
⑬路（　）
⑭横（　）
⑮酒（　）
⑯油（　）
⑰血（　）
⑱昔（　）
⑲旅（　）
⑳庭（　）
㉑炭（　）
㉒所（　）
㉓柱（　）
㉔緑（　）

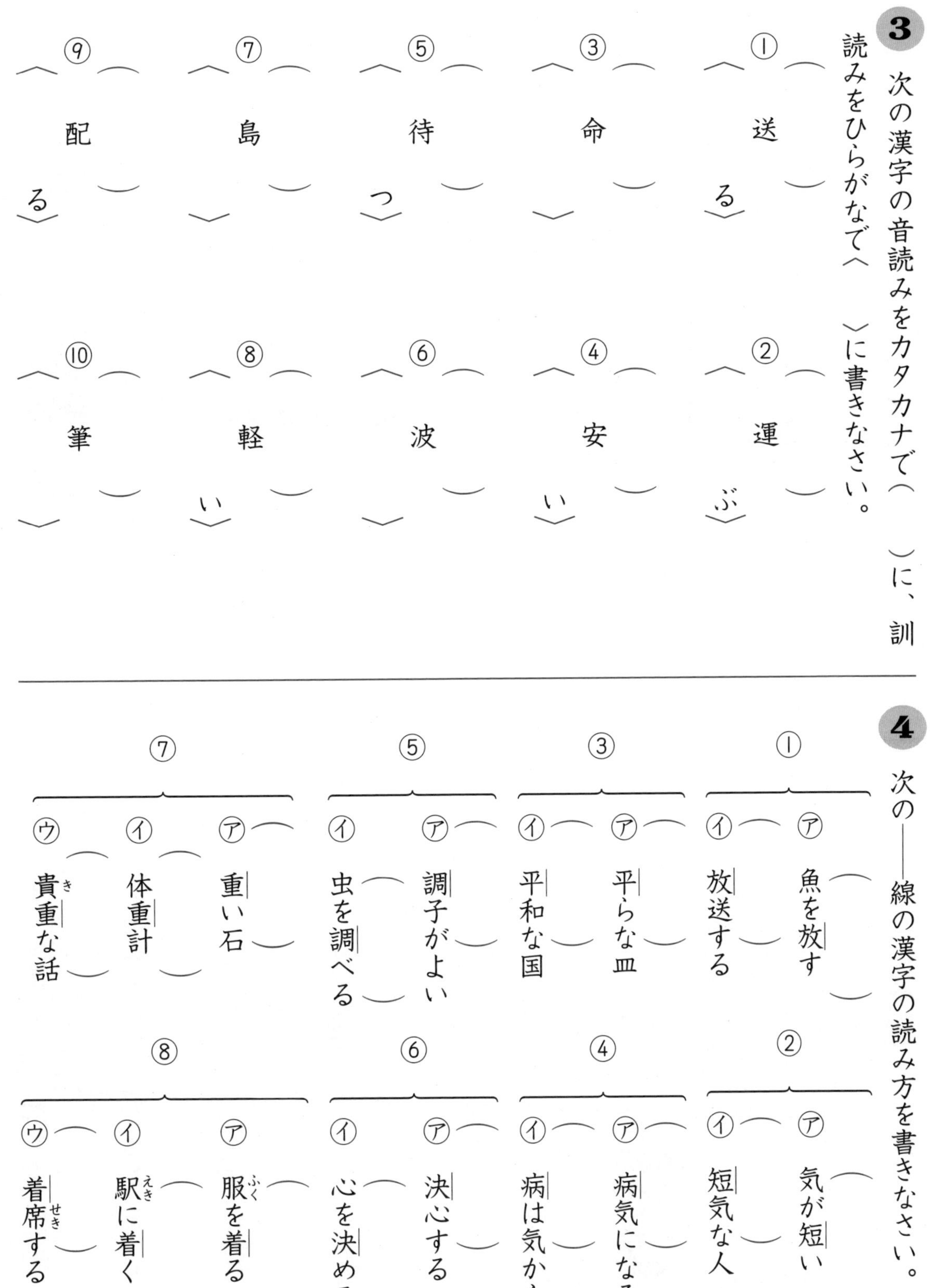

3 次の漢字の音読みをカタカナで（　）に、訓読みをひらがなで〈　〉に書きなさい。

① 送（　）〈　る〉
② 運（　）〈　ぶ〉
③ 命（　）〈　〉
④ 安（　）〈　い〉
⑤ 待（　）〈　つ〉
⑥ 波（　）〈　〉
⑦ 島（　）〈　〉
⑧ 軽（　）〈　い〉
⑨ 配（　）〈　る〉
⑩ 筆（　）〈　〉

4 次の――線の漢字の読み方を書きなさい。

① ㋐ 魚を放す（　） ㋑ 放送する（　）
② ㋐ 気が短い（　） ㋑ 短気な人（　）
③ ㋐ 平らな皿（　） ㋑ 平和な国（　）
④ ㋐ 病気になる（　） ㋑ 病は気から（　）
⑤ ㋐ 調子がよい（　） ㋑ 虫を調べる（　）
⑥ ㋐ 決心する（　） ㋑ 心を決める（　）
⑦ ㋐ 重い石（　） ㋑ 体重計（　） ㋒ 貴（き）重な話（　）
⑧ ㋐ 服（ふく）を着る（　） ㋑ 駅（えき）に着く（　） ㋒ 着席（せき）する（　）

ハイクラス

〔　月　日〕

時間	合かく点	とく点
25分	75点	点

1 次の漢字の訓読みをひらがなで書きなさい。送りがなもつけること。（28点）

〈れい〉書 → か（く）

① 受（　　）　② 住（　　）

③ 乗（　　）　④ 始（　　）

⑤ 申（　　）　⑥ 整（　　）

⑦ 注（　　）　⑧ 終（　　）

⑨ 暑（　　）　⑩ 等（　　）

⑪ 流（　　）　⑫ 進（　　）

⑬ 美（　　）　⑭ 悪（　　）

2 次の漢字の訓読みをひらがなで二通り書きなさい。（16点）

〈れい〉細 → こま（かい）・ほそ（い）

① 幸（　い）（　せ）

② 負（　ける）（　う）

③ 指（　　）（　す）

④ 苦（　しい）（　い）

3 次の漢字の音読みをカタカナで二通り書きなさい。（36点）

〈れい〉代 → ダイ・タイ

① 物（　）（　）

② 去（　）（　）

③ 平（　）（　）

④ 由（　）（　）

⑤ 守（　）（　）

⑥ 都（　）（　）

⑦ 楽（　）（　）

⑧ 定（　）（　）

⑨ 客（　）（　）

発てん

4 次の□に、それぞれ同じ漢字を書きなさい。（20点・一字4点）

①
㋐ 本を読んで感（かん）□する。
㋑ 車が□かなくなった。

②
㋐ □手を代（か）える。
㋑ ボールを□げる。

③
㋐ 体□をはかる。
㋑ □かいご飯（はん）をいただく。

④
㋐ 体□がすきだ。
㋑ 子犬を□てる。

⑤
㋐ にぎやかな行進（こうしん）□が聞こえる。
㋑ 道が左に□がっている。

4 漢字の組み立て（部首）

学習内容とねらい

部首の種類やそれぞれの部首の名前をつかみます。また、部首の意味を理解しておくと、その漢字のおよその意味の見当がつくことも知っておきましょう。

（　月　日）

標準クラス

1 次の①〜⑦の図は、漢字の部首をしめしたものです。赤い色の部分の名前を、あとの**ア**〜**キ**からそれぞれえらび、記号で答えなさい。

①　②　③　④　⑤　⑥　⑦

ア つくり　**イ** かまえ　**ウ** にょう

エ へん　**オ** あし　**カ** たれ

キ かんむり

①（　　）②（　　）③（　　）④（　　）

⑤（　　）⑥（　　）⑦（　　）

2 次の部首の名前をあとからえらび、（　）に記号で答えなさい。また、その部首を持つ漢字を三つ□に書きなさい。

① 糸（　　）□□□

② 氵（　　）□□□

③ 辶（　　）□□□

④ 广（　　）□□□

⑤ 艹（　　）□□□

ア まだれ　**イ** くさかんむり

ウ さんずい　**エ** いとへん

オ きへん　**カ** しんにょう

3 次の①〜⑧の二つの漢字に共通する部首をぬき出して、その部首の名前を書きなさい。

〈れい〉地・坂…土・つちへん

部首　部首名

① 都・部…□（　）
② 植・柱…□（　）
③ 間・開…□（　）
④ 笛・箱…□（　）
⑤ 教・放…□（　）
⑥ 秋・秒…□（　）
⑦ 顔・頭…□（　）
⑧ 登・発…□（　）

4 次の漢字の部首をぬき出し、その部首の意味をあとからえらんで、記号で答えなさい。

部首　意味

① 住…□（　）
② 打…□（　）
③ 宿…□（　）
④ 列…□（　）
⑤ 想…□（　）
⑥ 談…□（　）
⑦ 点…□（　）

ア 言葉　イ 心　ウ 人　エ 火
オ 植物　カ 家　キ 手　ク 刀

ハイクラス

時間 25分　合かく点 75点　とく点　点

（　月　日）

1 次の漢字の部首と部首名を書きなさい。（32点）

部首　部首名

① 役…□（　）

② 神…□（　）

③ 先…□（　）

④ 院…□（　）

⑤ 起…□（　）

⑥ 昼…□（　）

⑦ 究…□（　）

⑧ 聞…□（　）

2 次の漢字を、同じ部首を持つ十個のグループに分けて書きなさい。（28点・一字一点）

列　何　消　暑　仕　医　合　歌　拾　昔

春　次　投　国　海　遊　打　図　流　区

向　園　君　運　前　遠　代　指

（　）（　）（　）（　）（　）

（　）（　）（　）（　）（　）

3 次の①〜⑩の部首をあとの漢字と組み合わせ、べつの漢字を完成させなさい。（20点）

〈れい〉立＋日＝音

①穴	②木	③日	④糸	
⑤門	⑥山	⑦王	⑧口	
⑨頁	⑩寸			

会　豆　土　里　工
生　交　日　玉　石

① ② ③ ④ ⑤ ⑥ ⑦ ⑧ ⑨ ⑩

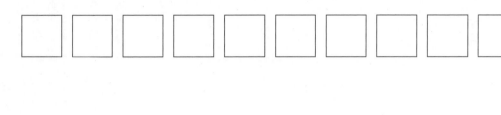

4 次の①〜⑩の漢字は、ある共通する部首をつけると、それぞれ一つの漢字が完成します。その部首を書きなさい。（20点）

① 己　十　吾　売
② 力　丁　火　介
③ 市　未　台　禾
④ 貝　夕　十　未
⑤ 由　合　寺　相
⑥ 田　非　自　音
⑦ 寸　主　反　黄
⑧ 寺　月　音　召
⑨ 羊　舌　永　皮
⑩ 化　古　早　何

5 熟語の組み立て

（　月　日）

学習内容とねらい

「熟語」とは、二字以上の漢字の組み合わせでできた言葉をいいます。どのような組み合わせかがわかると、熟語の意味も見当がつきます。よく出題されます。

標準クラス

1 次の①〜⑤のような、漢字の組み合わせのものを、あとから二つずつえらび、記号で答えなさい。

〈れい〉① サ（運送）

① 似た意味の漢字を重ねたもの

② 反対の意味の漢字を重ねたもの

③ 上の漢字が下の漢字を説明するもの

④ 「〜を〜する」という意味になるもの

⑤ 上の字が下の漢字の意味を打ち消すもの

ア 木刀　**イ** 不正　**ウ** 多少　**エ** 教育

オ 読書　**カ** 未定　**キ** 天地　**ク** 歩道

ケ 投石　**コ** 通行　**サ** 運送

①（　）（　）　②（　）（　）　③（　）（　）

④（　）（　）　⑤（　）（　）

2 次の□に漢字一字を入れて、「似た意味の漢字が重なった熟語」を完成させなさい。

① 宇宙は□黒の世界だ。

② 今日から絵□教室に通う。

③ 新しい研究を□始します。

④ モーターが回□する。

⑤ 今月の学□計画をたてる。

⑥ 人々の幸□をいのる。

⑦ 地震の被災者を救□する。

⑧ 家の前の□路で遊ぶ。

3 次の□に漢字一字を入れて、「反対の意味が重なった熟語」を完成させなさい。

① 遠□のはっきりした絵。
② 仲(なか)のよい□子。
③ せんぷうきの強□を調整(ちょうせい)する。
④ 友だちと□楽をともにする。
⑤ 自□ともに認(みと)める天才学者(がくしゃ)。
⑥ この勝□は引き分けだ。
⑦ 前□を確認(かくにん)する。
⑧ 一部(いちぶ)□終を見られていた。
⑨ 商品(しょうひん)の売□をする。
⑩ 今後の人生の□暗を分ける。

---

4 〈れい〉にならって、次の熟語の意味を書きなさい。

〈れい〉高山…高い山／開店(かいてん)…店を開(ひら)く

① 黒板（　　　）
② 国王（　　　）
③ 強打（　　　）
④ 弱点（　　　）
⑤ 深海（　　　）
⑥ 新人（　　　）
⑦ 帰国（　　　）
⑧ 投球（　　　）
⑨ 消火（　　　）
⑩ 乗車（　　　）

ハイクラス

時間	合かく点	とく点
25分	75点	点

（　月　日）

発てん **1** 次(つぎ)の①～⑧のグループにあたる熟語(じゅくご)を、あとのア～リからそれぞれ五つずつえらび、記号(きごう)で答えなさい。（80点・一つ2点）

① 同じような意味(いみ)が重(かさ)なっているもの。

② 反対(はんたい)の意味が重なっているもの。

③ 上の字が下の字を修飾(しゅうしょく)しているもの。

④ 「～を～する」「～に～する」の形のもの。

⑤ 「～が～する。」（主語(しゅご)と述語(じゅつご)）の形のもの。

⑥ 上の字が下の意味を打(う)ち消(け)している（上に打ち消しの「不(ふ)・非(ひ)・無(む)・未(み)」の字がつく）もの。

⑦ 意味をそえるなどのはたらきをする語が下についている（下に「的(てき)・性(せい)・然(ぜん)・化(か)」の字がつく）もの。

⑧ 長い語を省略(しょうりゃく)しているもの。

ア 決意　イ 身体　ウ 人造　エ 無用
オ 国旗　カ 高山　キ 重文　ク 出欠
ケ 非行　コ 男性　サ 寒暑　シ 国営
ス 地震　セ 満足　ソ 非常　タ 問答
チ 原爆　ツ 頭痛　テ 私的　ト 入試
ナ 親友　ニ 開店　ヌ 特急　ネ 内外
ノ 開会　ハ 不幸　ヒ 全然　フ 未来
ヘ 登山　ホ 雨天　マ 変化　ミ 同等
ム 起立　メ 入港　モ 私立　ヤ 美化
ユ 曲線　ヨ 公私　ラ 急性　リ 国体

2 次のような長い熟語を短く簡単にしたものを、（　）に正しく書きなさい。（4点）

〈れい〉日本銀行→（日銀）

① 高等学校 →（　　）

② 国際連合 →（　　）

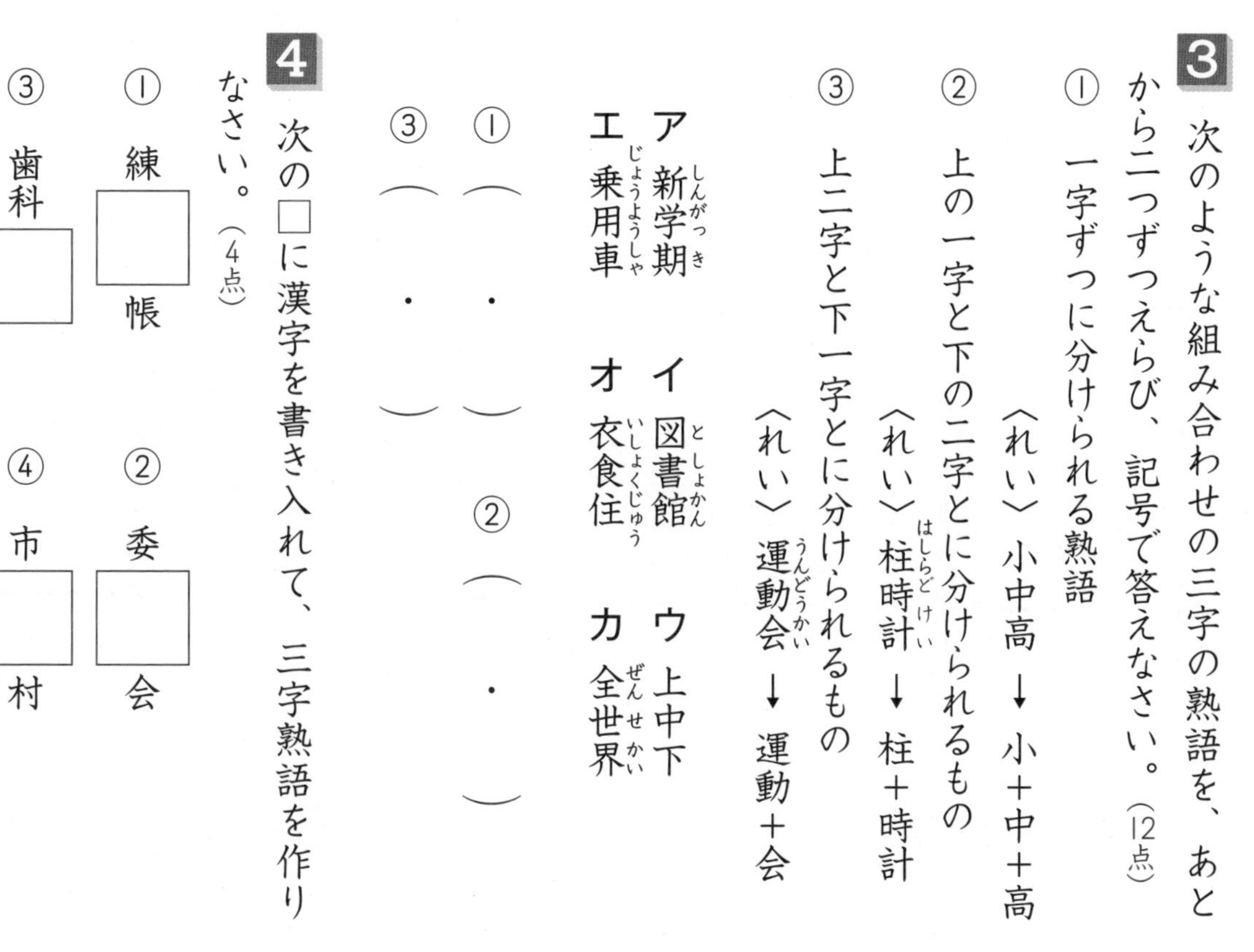

3 次のような組み合わせの三字の熟語を、あとから二つずつえらび、記号で答えなさい。（12点）

① 一字ずつに分けられる熟語
〈れい〉小中高 → 小＋中＋高

② 上の一字と下の二字とに分けられるもの
〈れい〉柱時計 → 柱＋時計

③ 上二字と下一字とに分けられるもの
〈れい〉運動会 → 運動＋会

ア 新学期　イ 図書館　ウ 上中下
エ 乗用車　オ 衣食住　カ 全世界

①（　・　）　②（　・　）　③（　・　）

4 次の□に漢字を書き入れて、三字熟語を作りなさい。（4点）

① 練□帳　② 委□会

③ 歯科□　④ 市□村

チャレンジテスト①

1 次の二通りの読み方をする漢字を書きなさい。（8点）

〈れい〉さま・ヨウ → 様

① は・ヨウ □

② しな・ヒン □

③ ゆ・トウ □

④ もの・シャ □

2 次の①〜⑤のような組み合わせの熟語を、あとから二つずつえらび、記号で答えなさい。（20点）

① 「〜を〜する」という意味になるもの

② 意味が似ている漢字を重ねたもの

③ 反対の意味の漢字を重ねたもの

④ 主語と述語の関係になっているもの

⑤ 上の字が下の字を修飾しているもの

ア 軽重　イ 美人　ウ 県立　エ 思考　オ 終業

カ 年長　キ 生死　ク 決定　ケ 集金　コ 水面

①（　　）（　　）　②（　　）（　　）　③（　　）（　　）

④（　　）（　　）　⑤（　　）（　　）

3 次の□に、「不・無・非・未」、または「的・性・然・化」のいずれかを入れて、熟語を完成させなさい。（24点）

① 病気が悪□する。

② ひとりぼっちで□安になる。

③ ここは女□用トイレです。

④ かれは、□常に大きな体をしている。

⑤ 二十歳□満おことわり。

⑥ 君の美□センスはすばらしいね。

⑦ 食べすぎで、腹痛になるのは当□だ。

⑧ □理なことを言わないでください。

①□ ②□ ③□ ④□ ⑤□ ⑥□ ⑦□ ⑧□

（　月　日）

時間	合かく点	とく点
25分	75点	点

発てん

4 次の①〜⑮の漢字は、あとのア〜エのどれにあたりますか。記号で答えなさい。（30点）

① 川（　　）　② 中（　　）　③ 馬（　　）
④ 森（　　）　⑤ 二（　　）　⑥ 鳴（　　）
⑦ 絵（　　）　⑧ 本（　　）　⑨ 晴（　　）
⑩ 末（　　）　⑪ 林（　　）　⑫ 悲（　　）
⑬ 山（　　）　⑭ 理（　　）　⑮ 魚（　　）

ア 象形文字…ものの形をかたどった絵文字のようなもの。
イ 指事文字…形には表せないもの、形のない「ことがら」を、記号などを用いて表したもの。
ウ 会意文字…二つ以上の文字を、もとの意味を生かして組み合わせて作ったもの。
エ 形声文字…意味を表す文字と、音を表す文字を組み合わせたもの。

---

5 次の①〜⑥の各組の三つの漢字に共通する部首は、どんな意味を表していますか。あとのア〜カからえらび、記号で答えなさい。（18点）

① 洋　流　港（　　）
② 思　想　意（　　）
③ 晴　明　暑（　　）
④ 草　茶　薬（　　）
⑤ 礼　社　福（　　）
⑥ 運　遠　通（　　）

ア 植物に関する意味。
イ 水に関する意味。
ウ 神や祭りなどに関する意味。
エ 道に関する意味。
オ 太陽に関する意味。
カ 心の働きに関する意味。

6 かなづかい・送り(おく)がな

〔　月　日〕

学習内容とねらい

「発音どおりに表記する」という「現代かなづかい」のルールとその例外を覚えます。また、送りがなの決まりを理解して、正しく書けるようにしましょう。

標準クラス

1 かなづかいに注意(ちゅうい)して、次(つぎ)の□にあてはまるひらがなを書きなさい。

① 母＝おか□さん　② 兄＝おに□さん

③ 姉＝おね□さん　④ 父＝おと□さん

⑤ 弟＝おと□と　⑥ 王＝お□さま

⑦ 多＝お□い　⑧ 大＝お□きい

⑨ 動物(どうぶつ)＝お□かみ　⑩ 十＝と□

⑪ 氷＝こ□り　⑫ 虫＝こ□ろぎ

⑬ 通＝と□る　⑭ 遠＝と□い

2 次の□にあてはまるひらがなを書きなさい。

① こんにち□　② こんばん□

③ 気□つける　④ やむ□えない

⑤ わたし□、りんご□買った。

⑥ 日曜日に、学校□行った。

3 次の□にあてはまるひらがなを一字ずつ書きなさい。

① 道が交□□。　② 岩を動□□。

③ 服(ふく)そうを整□□。

④ 子どもの手を放□。

⑤ 子犬が元気に育□。　⑥ 平□な道を歩く。

⑦ この川は深□。　⑧ 長さが等□□。

4 次の漢字の送りがなの部分に、——線を引きなさい。

① 明　あける
② 明　あかるい
③ 当　あてる
④ 当　あたる
⑤ 起　おこす
⑥ 起　おきる
⑦ 終　おわる
⑧ 終　おえる
⑨ 分　わける
⑩ 分　わかれる
⑪ 表　あらわす
⑫ 行　おこなう
⑬ 調　しらべる
⑭ 代　かわる
⑮ 丸　まるい
⑯ 美　うつくしい
⑰ 短　みじかい
⑱ 小　ちいさい
⑲ 楽　たのしい
⑳ 少　すくない
㉑ 温　あたたかい
㉒ 光　ひかる
㉓ 話　はなす
㉔ 用　もちいる
㉕ 実　みのる
㉖ 向　むかう
㉗ 祭　まつる
㉘ 集　あつめる
㉙ 親　したしむ
㉚ 同　おなじ

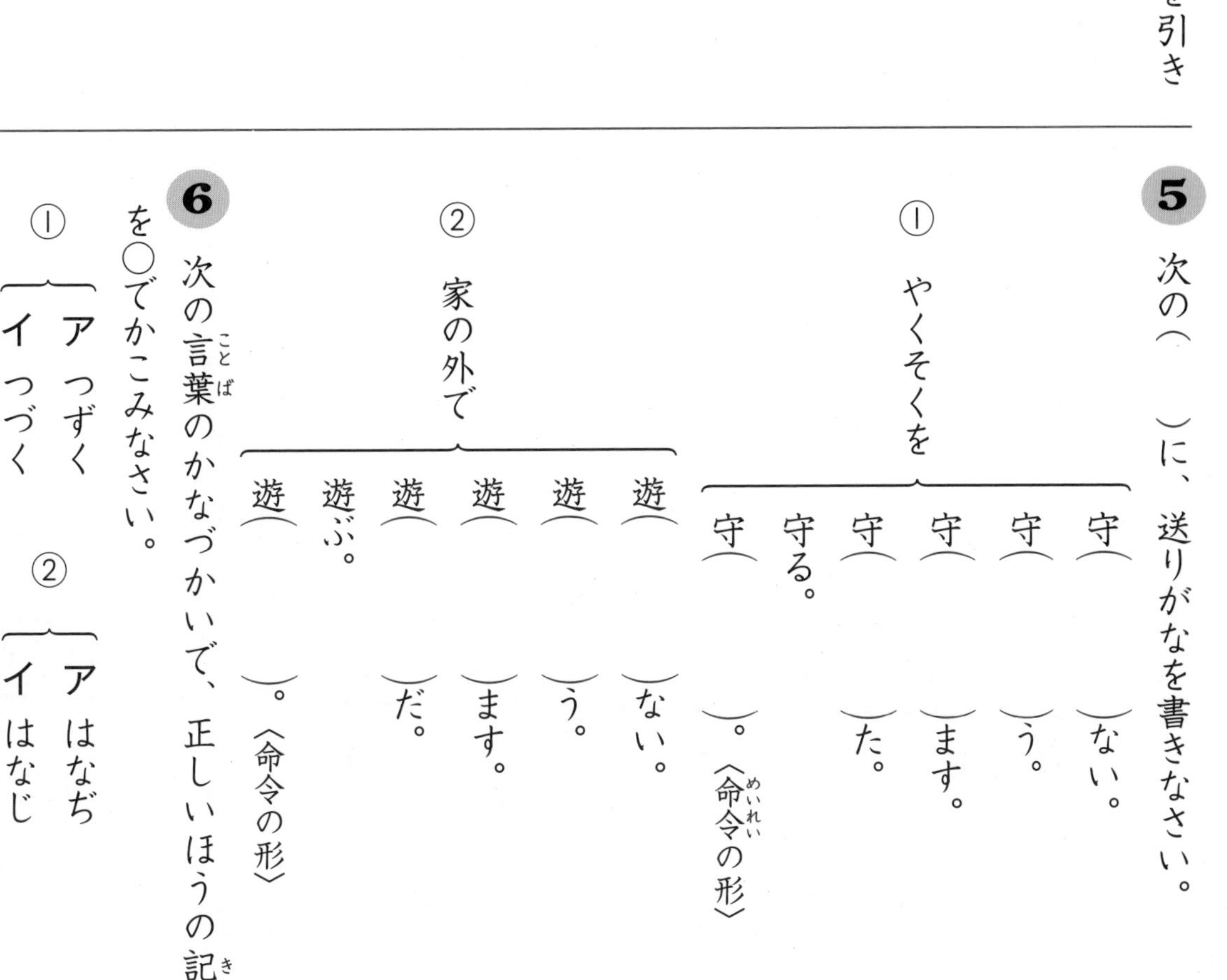

5 次の（　）に、送りがなを書きなさい。

① やくそくを
- 守（　）ない。
- 守（　）う。
- 守（　）ます。
- 守（　）た。
- 守る。
- 守（　）。〈命令の形〉

② 家の外で
- 遊（　）ない。
- 遊（　）う。
- 遊（　）ます。
- 遊（　）だ。
- 遊ぶ。
- 遊（　）。〈命令の形〉

6 次の言葉のかなづかいで、正しいほうの記号を○でかこみなさい。

① ア　つずく　イ　つづく

② ア　はなぢ　イ　はなじ

〔　月　日〕

時間	合かく点	とく点
25分	75点	点

ハイクラス

1 次の各組の（　）に、正しい送りがなを書きなさい。（20点）

① ㋐ 岩が落（　　）。
　 ㋑ ペンを落（　　）。

② ㋐ 子が生（　　）。
　 ㋑ 百才まで生（　　）。

③ ㋐ 家を空（　　）。
　 ㋑ 席が空（　　）。

④ ㋐ 車が通（　　）。
　 ㋑ ピアノ教室に通（　　）。

⑤ ㋐ 幸（　　）にくらす。
　 ㋑ 幸（　　）天気がいい。

2 次の言葉をかなづかいに注意して、ひらがなに直して書きなさい。（30点）

〈れい〉図画 →（ずが）

① 多い（　　）　② 世界中（　　）

③ 鼻血（　　）　④ 地面（　　）

⑤ 間近（　　）　⑥ 自由（　　）

⑦ 大きい（　　）　⑧ 空気（　　）

⑨ 言う（　　）　⑩ 遠回り（　　）

⑪ 王様（　　）　⑫ 氷（　　）

⑬ 三日月（　　）　⑭ 地図（　　）

⑮ 湯飲み茶わん（　　）

3 次の**ア**〜**コ**の文の中で、かなづかいがまちがっているものが五つあります。それを記号で答えなさい。また、そのまちがいを正しく直しなさい。（20点・一つ2点）

ア おこずかいをためて、ゲーム機を買う。

イ いなかのおばあさんからこづつみがとどいた。

ウ 先生のいうとおりにしたら、うまくいった。

エ 先生は、ちかぢかけっこんするらしい。

オ かれのおねいさんは、料理が上手だ。

カ おおごえをはりあげた。

キ むづかしい問題をとく。

ク 字は、一画一画ていねえに書きなさい。

ケ 木の根につまずいた。

コ 切手を一枚づつかたづける。

（　）□　（　）□　（　）□　（　）□　（　）□

---

4 次の各組の□に、意味が通るように、ひらがなを一字ずつ書きなさい。（30点・㋐㋑各3点）

① ㋐ 研究に研究を重□□。
　 ㋑ かれの体重はとても重□。

② ㋐ 雨戸が強い風で外□□。
　 ㋑ レギュラー選手から外□。

③ ㋐ 新しい仕事に直□に取り組む。
　 ㋑ 悪いくせを直□。

④ ㋐ この糸はとても細□。
　 ㋑ かれの仕事ぶりはとても細□□。

⑤ ㋐ 準決勝で負□□。
　 ㋑ 重大な責任を負□。

7 国語辞典の使い方

〔　月　日〕

学習内容とねらい

国語辞典を引くためには見出し語の配列（五十音順）や、辞典に出てくる形（終止形）を理解する必要があります。そのうえでどんどん引くことが大事です。

標準クラス

1 次の言葉を国語辞典に出てくる形にしなさい。

〈れい〉太陽がかがやいている。→（かがやく）

① 早起きして、ランニングをした。（　　　）
② さくらの名所へ行った。（　　　）
③ まどを開けてください。（　　　）
④ 旅先ではおせわになりました。（　　　）
⑤ 黒い手帳を持っています。（　　　）
⑥ みかんを配りました。（　　　）
⑦ 体を後ろに反らした。（　　　）
⑧ 先生の指導にしたがわない生徒。（　　　）
⑨ ものは大事に使いましょう。（　　　）

2 次の言葉を国語辞典に出てくる順にならべかえなさい。

〈れい〉りんご　みかん　すいか
⇩（すいか　みかん　りんご）

① まぐろ　さんま　たい
⇩（　　　）

② さる　きじ　いぬ
⇩（　　　）

③ 東京　大阪　博多　名古屋
⇩（　　　）

④ あした　あしか　あじ
⇩（　　　）

⑤ オランダ　オーストリア
オマーン　オーストラリア
⇩（　　　）

3 次の〰〰線の言葉の意味を国語辞典で調べ、正しい使い方をしているものには○、まちがっているものには×をつけなさい。

①（　　）妹が、ういういしい文字で、外国の友人に手紙を書いている。

②（　　）謝罪の言葉も言わないとは、なんてふてぶてしいやつだろう。

③（　　）新入生が運動場でがんばるのは、とてもかいがいしい。

④（　　）賞をとった子どもにうやうやしい拍手をした。

⑤（　　）見た目もりりしい若者。

⑥（　　）きのうから雨がつづき、さわやかな週末となった。

⑦（　　）だました兄に話しかけるのは、うしろめたい。

---

4 国語辞典のように五十音順にならべたとき、次の①〜⑧の言葉のすぐ次にくるものは、ア〜ツのどれですか。それぞれ一つずつえらび、記号で答えなさい。

①不安（　　）　②見方（　　）

③商品（　　）　④調子（　　）

⑤運転（　　）　⑥医者（　　）

⑦帰国（　　）　⑧投手（　　）

ア 庭園	イ 悪口	ウ 安全
エ 教育	オ 意味	カ 駅前
キ 進歩	ク 感動	ケ 深夜
コ 期待	サ 軽食	シ 向上
ス 身軽	セ 詩人	ソ 登場
タ 植木	チ 風習	ツ 発送

ハイクラス

時間 25分　合かく点 75点　とく点 点

（　月　日）

1 次の文章の[A]～[C]にあてはまる言葉を、自分で考えて書きなさい。（12点）

ある物語を読んでいたら、「彼はすっかりあきれているが、これはしかたがない。」という文があった。

「あきれて」の意味がわからないので、国語辞典で調べたら、「[A]」という見出しで出ていた。

同じようにして、わからない言葉を調べてみた。「絵をほめられる」の「ほめられる」は、「[B]」、「あなたの手をわずらわせてしまいました」の「わずらわせて」は、「[C]」と出ていた。

A（　　　　）

B（　　　　）

C（　　　　）

2 次の（　）に、国語辞典に出てくる順に、1～4の番号を書き入れなさい。（48点・各完答8点）

① （　）自信　（　）思想　（　）姿勢　（　）自然

② （　）当番　（　）同点　（　）動物　（　）当日

③ （　）気候　（　）記号　（　）危険　（　）気長

④ （　）不幸　（　）父兄　（　）無事　（　）復習

⑤ （　）終点　（　）出血　（　）私有　（　）周囲

⑥ （　）氷点　（　）平等　（　）表示　（　）表面

3 次の文の――線の言葉は、どんな意味で使われていますか。もっともよいものをあとからえらび、記号で答えなさい。（15点）

① 寒だん計の目もりを読む。

ア 目で見た文字を声に出す。
イ 文章などを見て、その意味を理解する。
ウ 物ごとを見て、その意味をおしはかる。
エ 数をかぞえる。

（　　）

② 練習問題をとく。

ア むすんであるものをほどく。
イ 答えを出す。
ウ やくそくなどをとりやめにする。
エ 気持ちをほぐれさせる。

（　　）

③ はじめての人に会うので、身なりを整える。

ア ひつようなものをそろえる。
イ まとめる。
ウ きちんとする。

（　　）

発てん

4 次のア～エの熟語の中に、ほかとは意味がちがうものが一つあります。〈れい〉にならってそれぞれ一つずつえらび、記号で答えなさい。（25点）

〈れい〉原〔ア 原野　イ 高原　ウ 平原　エ 原因〕→答えはエ

① 立〔ア 立春　イ 国立　ウ 立案　エ 立法〕

② 信〔ア 信念　イ 信号　ウ 信頼　エ 信用〕

③ 合〔ア 合算　イ 合計　ウ 合唱　エ 合理〕

④ 長〔ア 社長　イ 首長　ウ 長雨　エ 会長〕

⑤ 発〔ア 発生　イ 発見　ウ 発病　エ 再発〕

①（　　）②（　　）③（　　）④（　　）⑤（　　）

チャレンジテスト ②

〔　月　日〕

時間	合かく点	とく点
25分	75点	点

1 次の各組の送りがなは、ア〜ウのどれが正しいですか。それぞれ記号を○でかこみなさい。（24点）

① ア 植る　イ 植える
② ア 味わう　イ 味じわう
③ ア 重る　イ 重ねる
④ ア 運ぶ　イ 運こぶ
⑤ ア 向う　イ 向かう
⑥ ア 仕える　イ 仕かえる
⑦ ア 受る　イ 受ける
⑧ ア 全く　イ 全たく
⑨ ア 幸い　イ 幸わい　ウ 幸いわい
⑩ ア 温い　イ 温かい　ウ 温たかい
⑪ ア 短い　イ 短かい　ウ 短じかい
⑫ ア 新い　イ 新しい　ウ 新らしい

2 次の文の中には、かなづかいのまちがいがあります。それは、あとのア〜エで説明されている「現代かなづかいのきまり」から見て、どれにあてはまりますか。記号で答えなさい。（40点）

① しょうがつにふるさとえかえった。（　）
② とうくのまちにつかいにいく。（　）
③ なつやすみのけいかくおねる。（　）
④ いえのにわをほおきではく。（　）
⑤ かれはなんにもいはずにさった。（　）
⑥ たかいやまをあをぎみる。（　）
⑦ これはかわったあぢがする。（　）
⑧ ぎむきよういくをうける。（　）
⑨ けいとのてぶくろがちじむ。（　）
⑩ ほっかいどうのちぢさんがこられる。（　）

ア かなの使(つか)い方(かた)は、だいたい発音のままとする。ただし、言葉(ことば)と言葉のつながりを表(あらわ)すときに用いる「を」「は」「へ」はそのまま書く。

イ 「ぢ」「づ」は原則(げんそく)として使わないで、「じ」「ず」で書き表す。ただし、同じ発音がつづいたときや、二つの語をつないだときに生じる「ぢ」「づ」はそのまま書く。

ウ のばす音は、それぞれの列(れつ)の母音(ぼいん)をつける。ただし、オ列だけは「う」をつける。オ列の例外(れいがい)として、「氷」「多い」「大きい」などは、「こおり」「おおい」「おおきい」と書く。

エ 「ちゃ」「ちゅ」「ちょ」などの「ゃ」「ゅ」「ょ」、また、つまる音を表す「っ」は右下に小さく書く。

3 次の——線の言葉を国語辞典(こくごじてん)に出てくる形にしなさい。（20点）

〈れい〉大声では<u>しゃいでいる</u>。→（はしゃぐ）

① 父は仕事(しごと)に<u>出かけ</u>ました。（　　）

② 雪がふって、<u>寒(さむ)かった</u>です。（　　）

③ 母が<u>悲(かな)し</u>そうな顔をする。（　　）

④ 川にかばんを<u>落(お)として</u>しまった。（　　）

⑤ あまり<u>気負(きお)わ</u>ないでがんばりなさい。（　　）

4 次の言葉を、国語辞典に出てくる順(じゅん)に、記号でならべかえなさい。（16点・各完答(かくかんとう)4点）

① ア ぶどう　イ メロン　ウ さくらんぼ（　→　→　）

② ア ローマ　イ パリ　ウ メルボルン（　→　→　）

③ ア 除(のぞ)く　イ 望(のぞ)み　ウ 乗(の)せる（　→　→　）

④ ア はば　イ 母　ウ パパ　エ 馬場(ばば)（　→　→　→　）

8 いろいろな言葉

〔　月　日〕

学習内容とねらい　古くから日本で使われている言葉や外来語、表現が豊かになる擬声語・擬態語などの使い方をしっかり覚えるようにしましょう。

標準クラス

1 次の文は、「新聞紙」のように、上から読んでも下から読んでも同じ言葉になる回文といいます。□にあてはまる言葉をひらがなで書きなさい。

① 竹やぶ□た

② □と小鳥とワニ

③ 留守にな□

④ □ふうふう吹いた

⑤ たいたタコ□

⑥ □に貸した

⑦ わたし負け□わ

2 次の中から外来語（外国から来た言葉）をすべてえらび、番号で答えなさい。

① カルタ　② ダイコン

③ コンペイトウ　④ スズメ

⑤ タバコ　⑥ ドラヤキ

⑦ テンプラ　⑧ サンマ

（　　　　）

3 次の言葉は、下のどの言葉とむすびつきますか。――線でつなぎなさい。

① もりもり・　　・ア のびる。

② にやにや・　　・イ おこる。

③ わいわい・　　・ウ わらう。

④ ぷんぷん・　　・エ にえる。

⑤ ぐつぐつ・　　・オ 食べる。

⑥ ぐんぐん・　　・カ さわぐ。

4 次の言葉の意味としてふさわしいものをあとからえらび、記号で答えなさい。

① あしらう（　　）　② いとわない（　　）

③ もどかしい（　　）　④ うとい（　　）

⑤ おのずから（　　）　⑥ おののく（　　）

⑦ おびただしい（　　）　⑧ さとす（　　）

⑨ さながら（　　）　⑩ おぼつかない（　　）

⑪ たしなめる（　　）　⑫ たわむれる（　　）

⑬ つけいる（　　）　⑭ ねたましい（　　）

⑮ はぐくむ（　　）　⑯ ひしめく（　　）

⑰ もてはやす（　　）　⑱ いぶかしい（　　）

⑲ ゆだねる（　　）　⑳ ほのめかす（　　）

ア いやがらない。
イ うたがわしい。あやしい。
ウ うらやましく、にくらしい。
エ こわかったり寒かったりしてふるえる。
オ さかんにほめる。
カ それとなくわかるように言う。
キ たいへん多い。
ク はっきりしない。たよりない。
ケ ひとりでに。自然に。
コ ふざける。おもしろがって遊ぶ。
サ まるで。ちょうど。
シ よくわかるように言い聞かせる。
ス 考えなおすようにしかる。
セ 思うようにならないで、いらいらする。
ソ 親しくない。よく知らない。
タ 人にまかせる。
チ 相手の弱点にうまくくいこむ。
ツ 相手を軽くあつかう。
テ 大勢がおしあってさわぐ。
ト 養い育てる。

ハイクラス

時間 25分　合かく点 75点　とく点 点　（ 月 日）

1 次の外来語の意味としてふさわしいものを、あとからえらび、記号で答えなさい。（24点）

① カレンダー（　　）　② コイン（　　）
③ コック（　　）　④ サイン（　　）
⑤ ジャンル（　　）　⑥ ストーリー（　　）
⑦ ソフト（　　）　⑧ タッチ（　　）
⑨ ピンチ（　　）　⑩ ラスト（　　）
⑪ メディア（　　）　⑫ ルール（　　）

ア 署名　イ やわらかいこと
ウ ふれること　エ 手段、ばいたい
オ 硬貨　カ きまり、きそく
キ こよみ　ク あぶない場面
ケ 料理人　コ 最後、終わり
サ 種類、部門　シ 物語、話のすじ

2 次の文中でかたかなで書く言葉に——線を引き、正しく書き直しなさい。（21点）

① 弟はてにすぶに入って、がんばっている。
（　　）（　　）

② しょぱんは、ゆうめいな作曲家です。
（　　）（　　）

③ ろんどんは、いぎりすの首都です。
（　　）（　　）

④ 風が、まどがらすをがたがたとふるわす。
（　　）（　　）（　　）

⑤ すずめが庭でちゅんちゅんとないている。
（　　）（　　）

3 次の文の（　）に入る言葉として、もっともふさわしいものをあとからえらび、記号を書き入れなさい。（24点）

① よく練習したので、（　　）まけることはあるまい。

② （　　）、わたしにその本を貸してください。

③ かれは、（　　）他人の悪口を言わない。

④ うまくいったので、（　　）よろこんでいるだろう。

⑤ この谷川の水は、（　　）氷のようにつめたい。

⑥ あれほどやくそくしたのに、（　　）来なかったのか。

ア もし　**イ** たとえ　**ウ** なぜ
エ はたして　**オ** まさか　**カ** まるで
キ けっして　**ク** ぜひとも　**ケ** さぞ

4 次の①～⑤の——線の言葉を、あとのA・Bのグループに分け、番号で答えなさい。（15点）

① 犬がワンワンほえる。

② 雨がしとしとふっている。

③ いちょうの葉がひらひらと落ちてくる。

④ とびらがバタンとしまった。

⑤ 前の人にぴったりくっついて走る。

A 身ぶりや様子などの感じをそれらしく表した言葉（擬態語）。（　　　）

B ものの音や動物の鳴き声を表す言葉（擬声語）。（　　　）

5 次の言葉の反対の意味の言葉を、漢字と送りがなで書きなさい。（16点）

① 強い ↕（　　）　② 寒い ↕（　　）

③ 買う ↕（　　）　④ 勝つ ↕（　　）

9 ことわざ・慣用句

〔　月　日〕

学習内容とねらい

文章の中や、日常の生活で使われることわざや慣用句を集めています。意味や使い方をしっかりと覚えて、日常会話でも用いていくようにしてください。

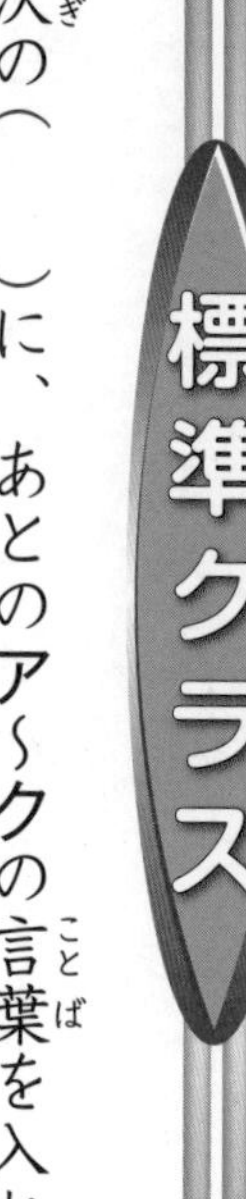

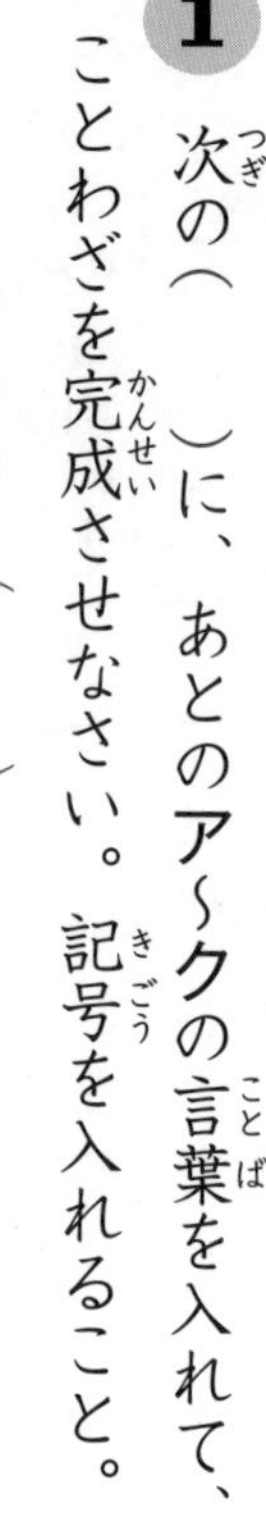

標準クラス

1 次の（　）に、あとのア〜クの言葉を入れて、ことわざを完成させなさい。記号を入れること。

① ころばぬ先の（　）

② （　）はねて待て

③ 石の上にも（　）

④ 弱り目に（　）

⑤ （　）から目薬

⑥ （　）は口ににがし

ア 良薬　イ うそ　ウ 二階
エ つえ　オ 果報　カ 悪事
キ 三年　ク たたり目

＊果報…しあわせ。幸運。

2 次のことわざの意味として、もっともよいものをあとからえらび、記号で答えなさい。

① 出るくいは打たれる（　）

② 馬の耳に念仏（　）

③ 雨ふって地かたまる（　）

④ ちょうちんにつりがね（　）

⑤ あぶはち取らず（　）

ア もめごとなどのあとが、かえってうまくいく。

イ あれもこれもとよくばってやると、しっぱいする。

ウ いくら意見をしても、少しもききめがない。

エ あまりでしゃばると、人からにくまれ、ひなんされる。

オ つりあわないこと。

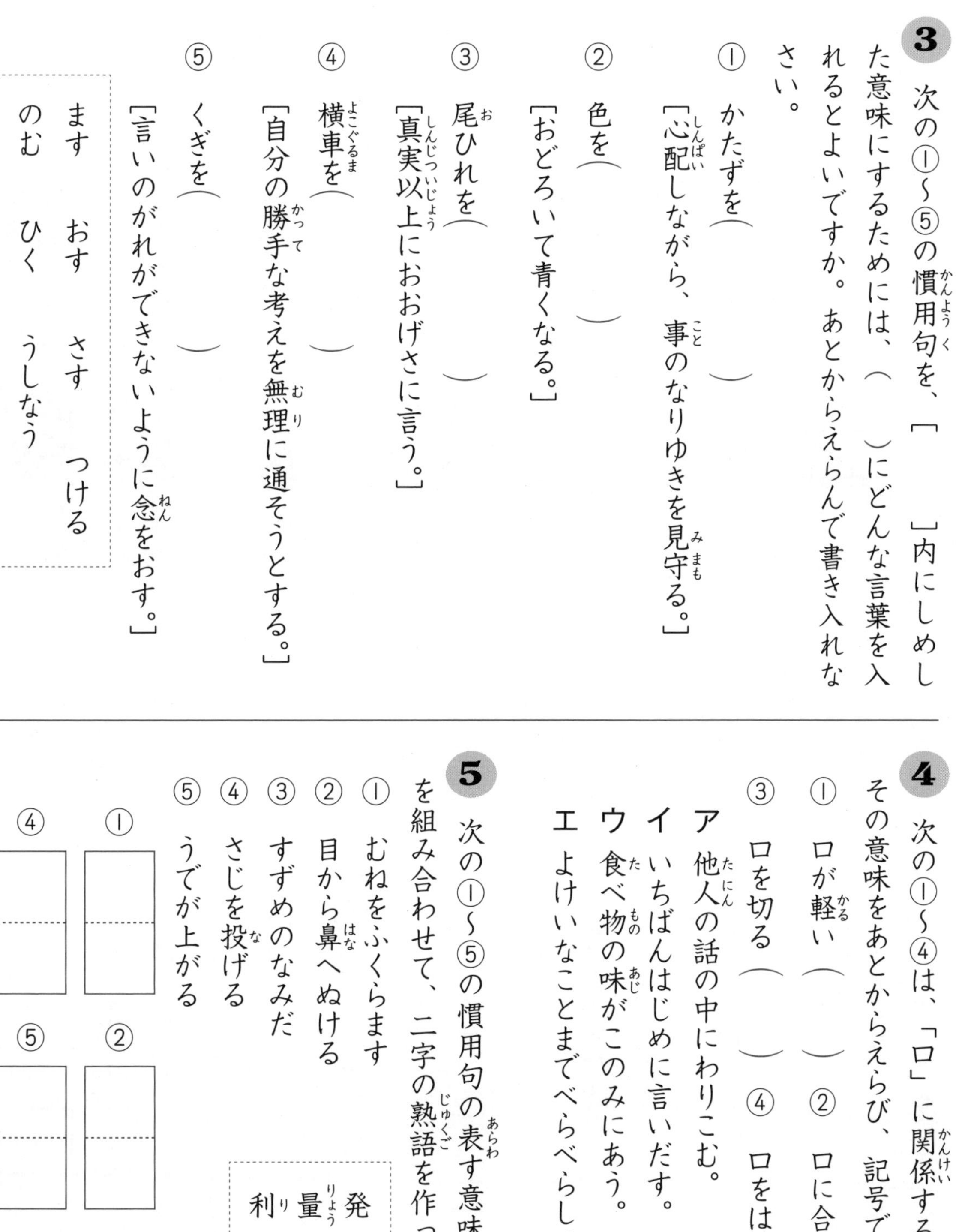

3 次の①～⑤の慣用句を、［　］内にしめした意味にするためには、（　）にどんな言葉を入れるとよいですか。あとからえらんで書き入れなさい。

① かたずを（　　）
［心配しながら、事のなりゆきを見守る。］

② 色を（　　）
［おどろいて青くなる。］

③ 尾ひれを（　　）
［真実以上におおげさに言う。］

④ 横車を（　　）
［自分の勝手な考えを無理に通そうとする。］

⑤ くぎを（　　）
［言いのがれができないように念をおす。］

ます　おす　さす　つける
のむ　ひく　うしなう

---

4 次の①～④は、「口」に関係する慣用句です。その意味をあとからえらび、記号で答えなさい。

① 口が軽い（　）　② 口に合う（　）
③ 口を切る（　）　④ 口をはさむ（　）

ア 他人の話の中にわりこむ。
イ いちばんはじめに言いだす。
ウ 食べ物の味がこのみにあう。
エ よけいなことまでべらべらしゃべる。

5 次の①～⑤の慣用句の表す意味を、下の漢字を組み合わせて、二字の熟語を作って答えなさい。

① むねをふくらます
② 目から鼻へぬける
③ すずめのなみだ
④ さじを投げる
⑤ うでが上がる

発　上　断　待
量　達　少　念
利　期

①
②
③
④
⑤

ハイクラス

時間 25分　合かく点 75点　とく点 　点

（　月　日）

1 次の①〜⑥のことわざは、それぞれ何について言ったものですか。もっとも関係の深い言葉をあとからえらび、記号で答えなさい。（24点）

① 念には念を入れよ（　　）

② さるも木から落ちる（　　）

③ 過ぎたるはなおおよばざるがごとし（　　）

④ 親しきなかにも礼儀あり（　　）

⑤ とうふにかすがい（　　）

⑥ 朱にまじわれば赤くなる（　　）

ア 確実　**イ** 無益　**ウ** 油断
エ 意外　**オ** 感化　**カ** 過度
キ 節度　**ク** 同情

2 次の①〜④の慣用句の意味として、もっともよいものをあとの**ア**〜**ク**からえらび、記号で答えなさい。同じものはくり返して使えません。（16点）

① 目がない（　　）

② 口が重い（　　）

③ 耳がはやい（　　）

④ 足が出る（　　）

ア 物事を知ることがはやい。
イ たいへんすきである。
ウ 手伝う。
エ 遠いところに出かける。
オ せわがやける。
カ 言葉かずが少ない。
キ お金を予算より多く使い、足りなくなる。
ク 悪い人の味方になる。

3 次の①〜⑩のことわざの意味として、もっともよいものをあとのア〜コからえらび、記号で答えなさい。(40点)

① 角(つの)をためて牛をころす（　　）
② ぬれ手であわ（　　）
③ たなからぼたもち（　　）
④ うどの大木（　　）
⑤ 花よりだんご（　　）
⑥ 二階(にかい)から目薬(めぐすり)（　　）
⑦ つめに火をともす（　　）
⑧ おにのいぬまにせんたく（　　）
⑨ 木に竹をつぐ（　　）
⑩ 仏(ほとけ)の顔も三度(さんど)（　　）

ア 体ばかり大きくて、全(まった)く役に立たない人。
イ 全くつりあいのとれていないこと。
ウ 思わぬ幸運(こううん)に出会うこと。
エ ききめのうすいこと。
オ 苦労(くろう)せずに大きな利益(りえき)を得(え)ること。
カ ひじょうに倹約(けんやく)することのたとえ。
キ 見かけよりも内容(ないよう)を重視(じゅうし)すること。
ク 口うるさい人のいない間に、のんびり休むこと。
ケ わずかな欠点(けってん)を改(あらた)めさせようとして、けっきょく全体(ぜんたい)をだめにしてしまうこと。
コ どんなにがまん強くやさしい人も、度がすぎるとついにはおこるということ。

発てん

4 次の①〜⑤の慣用句の○に、ひらがなを一字ずつ入れて、（　）内にしめした意味になるようにしなさい。(20点)

① 手が○○る　（世話(せわ)がやける）
② 手が○○られない　（どうしようもない）
③ 手を○○ぬ(ね)く(何も手だしをしない)
④ 手を○く　（あつかいにこまる）
⑤ 手を○つ　（前もって用意(ようい)する）

チャレンジテスト ③

時間 25分　合かく点 75点　とく点　点

（　月　日）

1 次の①～⑦の文に合うことわざを、下のア～セから二つずつえらび、記号で答えなさい。（28点）

① どんなにねうちのあるものでも、そのねうちのわからない人間にとっては無意味である。

② おさないときの性質は一生消えないものだ。

③ 自分の専門のことで思わぬ失敗をする。

④ 世の中は非情な人ばかりではなく、心のあたたかい人もいる。

⑤ 悪いことの上に、さらに悪いことが重なる。

⑥ 用心に用心を重ねる。

⑦ 手ごたえがなく、ききめがない。

ア わたる世間におにはない

イ ぬかにくぎ

ウ 弱り目にたたり目

エ すずめ百までおどりわすれず

オ 念には念を入れよ

カ ねこに小判

キ のれんにうで押し

ク ぶたに真珠

ケ 旅は道連れ世は情け

コ 弘法にも筆のあやまり

サ 泣き(っ)つらにはち

シ さるも木から落ちる

ス 三つ子のたましい百まで

セ 石橋をたたいてわたる

①（　・　）　②（　・　）　③（　・　）

④（　・　）　⑤（　・　）　⑥（　・　）

⑦（　・　）

2 次の――線の言葉に注意して、○に合うひらがなを一字ずつ入れなさい。(40点)

① なぜ、おくれたのです○。

② ○○時間があれば、行きましょう。

③ けっしてまちがいではありませ○。

④ ○○○夢をみているようだ。

⑤ どうぞめしあがって○○○○。

⑥ かれは、○○○許してくれるだろう。

⑦ 国語で○○○○よい点がとれない。

⑧ ○○○かれが負けるとは思わなかった。

3 次の①～⑧の□に、体の部分を表す漢字を一字ずつ入れなさい。また、完成した言葉の意味として、もっともよいものをあとのア～クからえらび、記号で答えなさい。(32点)

① □が過ぎる　(　　)

② □がたたない　(　　)

③ □を貸さない　(　　)

④ □を立てる　(　　)

⑤ □をあかす　(　　)

⑥ □をぬく　(　　)

⑦ □もとをすくわれる　(　　)

⑧ □にものみせる　(　　)

ア　やらなければならない部分をやらない。

イ　言うことがひどすぎる。

ウ　面目をたもつようにする。

エ　油断していてやられてしまう。

オ　相手が強くてかなわない。

カ　えらい目にあわせてやる。

キ　だしぬいてあっと言わせる。

ク　人の言うことを聞こうとしない。

10 主語・述語・修飾語

学習内容とねらい

日本語の文の基本となる、主語と述語をとらえ、修飾語がどこに係っているかを考えます。また、文の三つの形も理解し、文法の基礎を養います。

（　月　日）

標準クラス

1 次の文の主語には——線を、述語には〜〜線を引きなさい。

① さいふを　落とした　ぼくは、交番へ　行った。

② ぼくは、毎朝　かならず　六時には　起きる。

③ 今日も　この　教室は　しずかだ。

④ わたり鳥が、北の国から　やってくる。

⑤ 雪どけの　水は、とても　つめたい。

⑥ いきなり　兄が　大きな　声で　さけんだ。

⑦ 父は、しつけには　きびしい　人だ。

⑧ 村に　大きな　スーパーが　できた。

2 次の文の主語と述語の組み合わせは、ア「何が(は)　どうする。」、イ「何が(は)　どんなだ。」、ウ「何が(は)　何だ。」のどれですか。それぞれ記号で答えなさい。

① 南がわの　部屋は　あたたかだ。（　　）

② ぼくは、図書室で　本を　かりた。（　　）

③ 虫歯が　ずきずき　いたむ。（　　）

④ 今日は　妹の　たん生日です。（　　）

⑤ 今夜の　ばんごはんは、大すきな　ハンバーグだ。（　　）

⑥ 秋の　夜の　月は、きれいだ。（　　）

⑦ 木の　えだで　鳥たちが　鳴いている。（　　）

⑧ もらってきた　うさぎは、とても　かわいい。（　　）

3 次の文の組み立てをよく考えて、図の形に合うように、それぞれの□に入る言葉を書き入れなさい。

① 父は　会社の　役員だ。

A
C
B

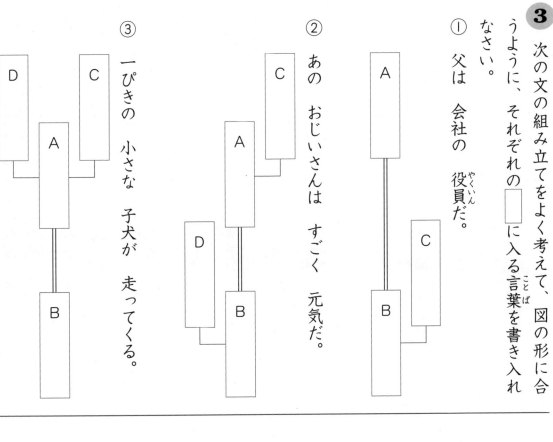

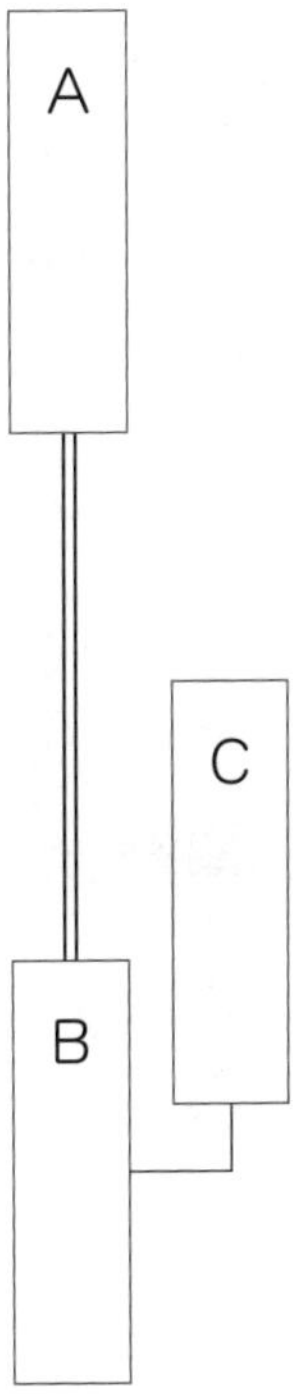

② あの　おじいさんは　すごく　元気だ。

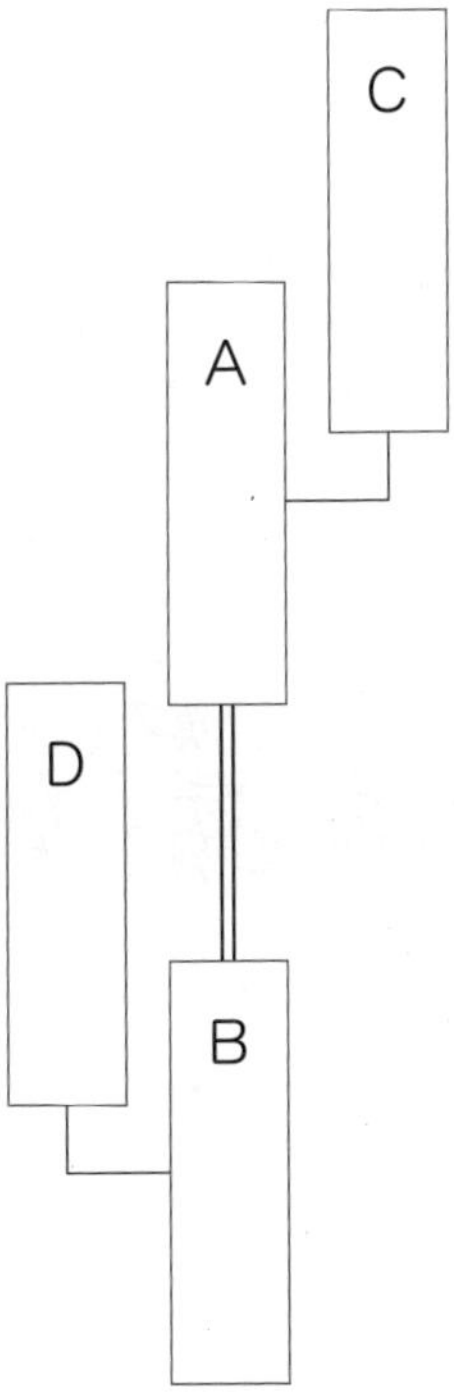

C
A
D
B

③ 一ぴきの　小さな　子犬が　走ってくる。

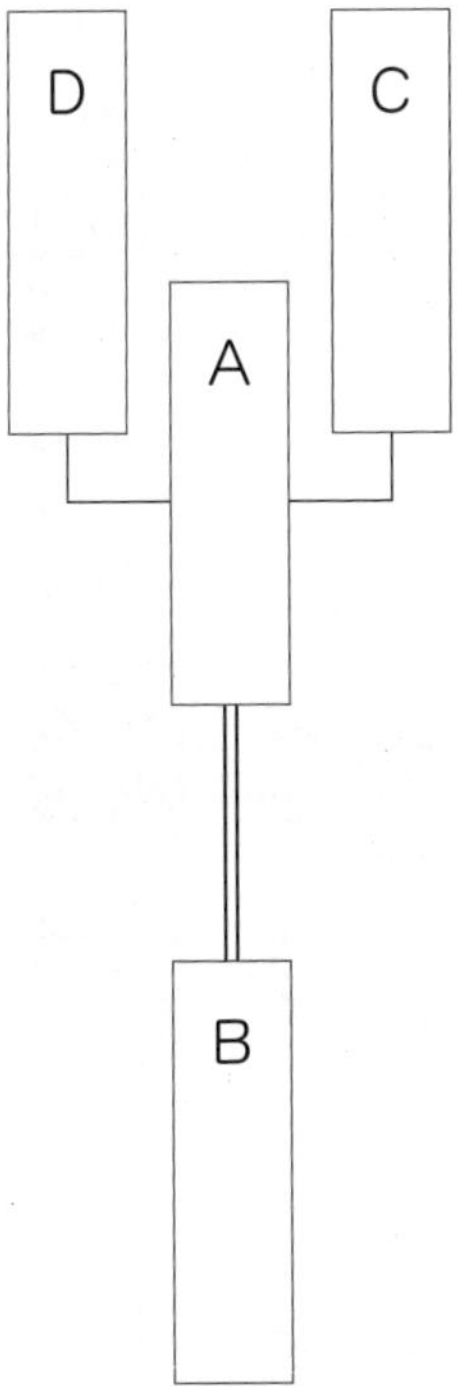

C
D
A
B

④ 姉の　友だちは、とても　美しい。

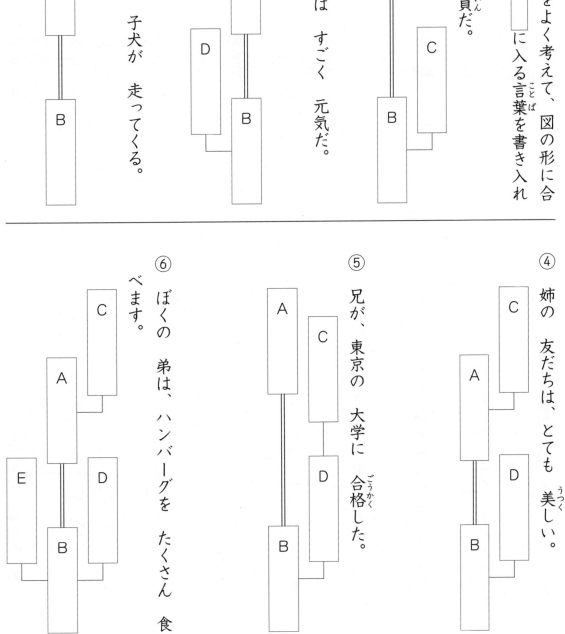

C
A
D
B

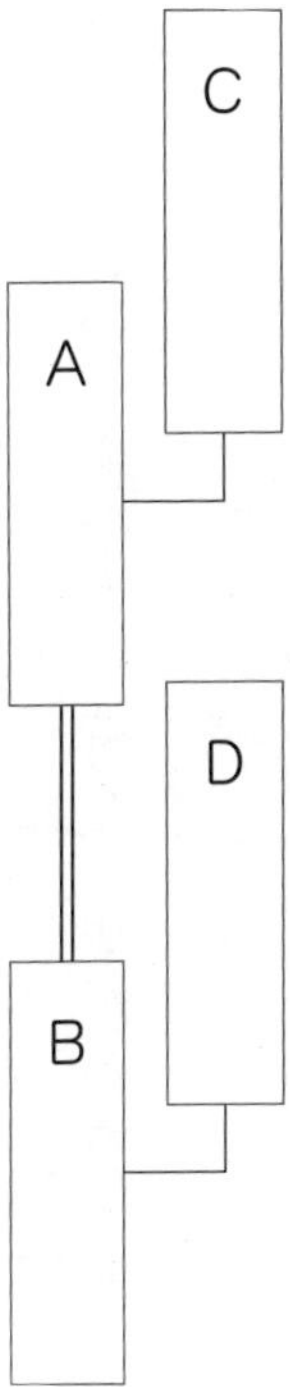

⑤ 兄が、東京の　大学に　合格した。

A
C
D
B

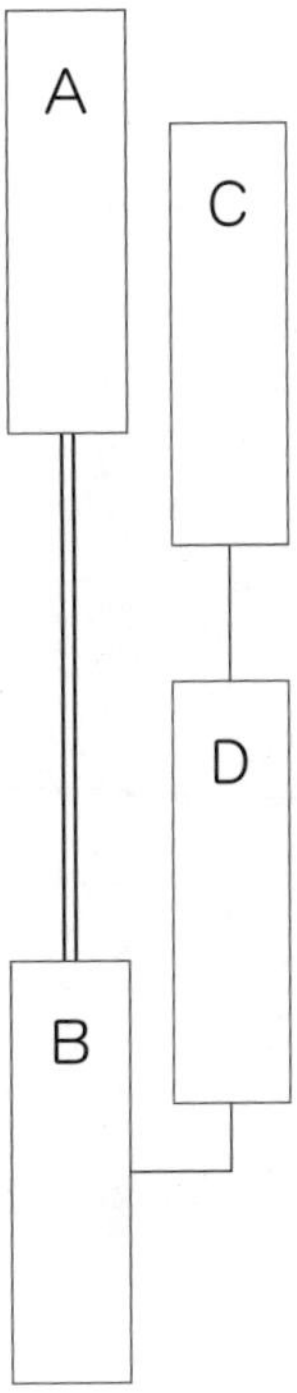

⑥ ぼくの　弟は、ハンバーグを　たくさん　食べます。

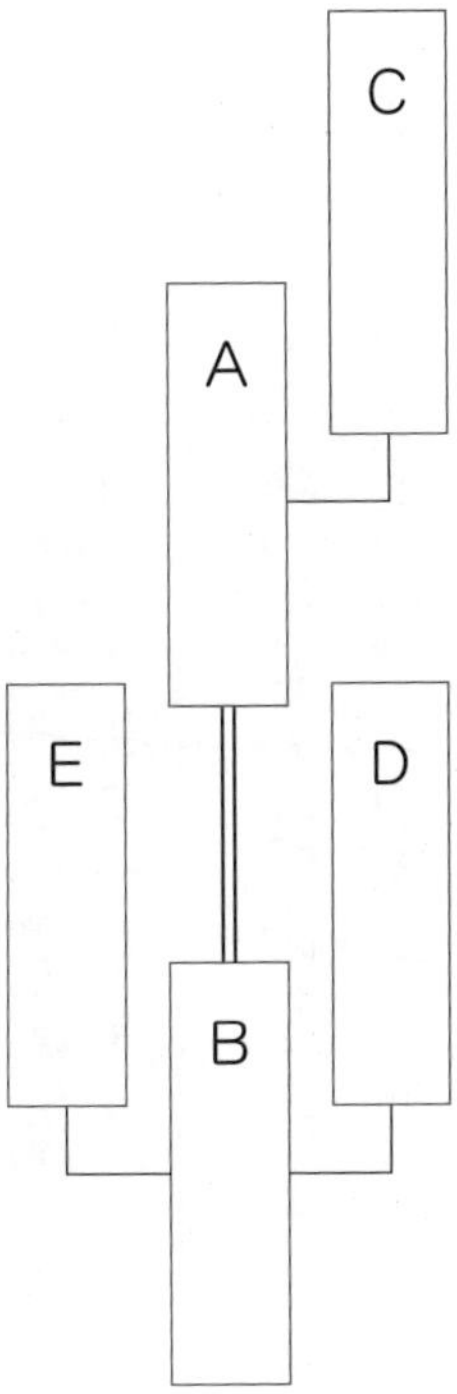

C
A
D
E
B

ハイクラス

時間 25分　合かく点 75点　とく点 点　（月　日）

1 次の文の主語には――線を、述語には〰〰線を引きなさい。主語がない場合は、述語だけを答えなさい。（20点）

① ロンドンは、きりの　都と　よばれています。
② 母の　手は　とても　あたたかい。
③ ぼくには　読めない　漢字が　ある。
④ 母の　代わりに　出かける。
⑤ 暗い　道を　ひとりで　歩いては　いけません。
⑥ 急に　車が　動かなくなった。
⑦ これから　代表委員会を　開きます。
⑧ 弟は　野球部に　入っている。
⑨ 日本列島は　南北に　長い。
⑩ 東洋の　文化を　学ぶ。

2 次の文で、〰〰線の言葉を修飾している言葉に、‖線を引きなさい。二つ以上あるときはすべて答えなさい。（32点・各完答4点）

① わたしは、昼から　友だちと　会う。
② 今夜は　家の　中が　しんしんと　ひえこむ。
③ 六年生に　プレゼントする　寄せ書きが　ついに　完成した。
④ かれは、入り口で　ぬいだ　くつを　そろえた。
⑤ ひもが　からまって、その　犬は　動けなくなった。
⑥ ももの　木が、今年も　きれいな　花を　さかせた。
⑦ イノシシの　親子も、時々　すがたを　あらわす。
⑧ 富士山は、日本で　いちばん　高い　山だ。

3 次の文で、〰〰線の言葉が修飾している言葉に、═══線を引きなさい。（28点）

① 夏休みの　宿題が　たくさん　出た。

② 人に　親切に　されたら、きちんと　お礼を言うべきだ。

③ かばんに　ありったけの　おかしを　つめて、遠足に　出かけた。

④ あの　お皿に　ある　ケーキの　ほうが　大きい。

⑤ 赤い　大きな　花が、庭に　いくつも　さいている。

⑥ 川では、時おり　小さい　魚が　波を　立てる。

⑦ 母が、魚屋で　しんせんな　サンマを　買ってきた。

---

4 次の文は、あとのア〜ウのどの形にあてはまりますか。記号で答えなさい。（20点）

① 日本の首都は東京です。（　　）

② 手から血が流れ出す。（　　）

③ 毎日、わたしはラジオの放送を聞く。（　　）

④ 五月五日は子どもの日だ。（　　）

⑤ 表紙の絵がきれいだ。（　　）

⑥ 大きなとびらが開いた。（　　）

⑦ この駅が終点です。（　　）

⑧ 学校のトイレがきたない。（　　）

⑨ 先生がみかんを配りました。（　　）

⑩ この国はとても平和だ。（　　）

ア 何が(は)　どうする。

イ 何が(は)　どんなだ。

ウ 何が(は)　何だ。

11 ローマ字

学習内容とねらい

「ローマ字表」を見ながら、ローマ字の形や発音をまず覚えるようにしましょう。そして、ローマ字の表記の決まりに注意して、読んだり書いたりしましょう。

〔　月　日〕

標準クラス

1 次(つぎ)のローマ字の言葉(ことば)を読み、ひらがなに直して書きなさい。

① sensei
(　　　　)

② tomodati
(　　　　)

③ tosyokan
(　　　　)

④ okâsan
(　　　　)

⑤ dôbutu
(　　　　)

⑥ kippu
(　　　　)

⑦ densya
(　　　　)

⑧ ningyô
(　　　　)

⑨ kon'ya
(　　　　)

⑩ onêsan
(　　　　)

2 次の言葉を、ローマ字で書きなさい。

① 筆箱(ふでばこ)

② 自転車(じてんしゃ)

③ お兄さん

④ せんぷうき

⑤ ラッパ

⑥ ゆうびん局(きょく)

3 次の言葉のローマ字の書き方で、正しいものに○をつけなさい。

① 病院（びょういん） (　) byoin (　) byôin (　) byôiin

② 切手 (　) kite (　) kîte (　) kitte

③ 弟 (　) ototo (　) otôto (　) ototto

④ 学校 (　) gako (　) gakô (　) gakkô

⑤ 大阪（おおさか） (　) Ôsaka (　) ôsaka (　) ôusaka

⑥ 算数 (　) sansu (　) sansyu (　) sansû

⑦ 大通り (　) oudori (　) ôdori (　) ôdôri

⑧ 本屋（ほんや） (　) honya (　) hon'ya (　) honnya

---

4 次の地名や人の名前の読み方を、ひらがなで書きなさい。

① Hokkaidô
(　　　　　　)

② Iwate-ken
(　　　　　　)

③ Nara-ken
(　　　　　　)

④ Kyôto-si
(　　　　　　)

⑤ Tanaka Akira
(　　　　　　)

5 次の地名や国名を、ローマ字で書きなさい。
（大文字を使う（つか）ところは、大文字で書きなさい。）

① 九州（きゅうしゅう）

② 東京

③ さっぽろ市

④ 日本

ハイクラス

時間 25分 合かく点 75点 とく点 点 （月 日）

1 次の言葉を、ローマ字で書きなさい。（大文字を使うところは、大文字で書きなさい。）(30点)

① 公園
② 写真
③ 風船
④ せっけん
⑤ 百円
⑥ 太陽
⑦ 人員
⑧ 沖縄
⑨ ヨーロッパ
⑩ おじいさん

2 次のローマ字で書かれた言葉が正しければ○をつけ、まちがっていれば正しく書き直しなさい。(18点)

① (　　) piano（ピアノ）
② (　　) tyuurippu（チューリップ）
③ (　　) obaasan（おばあさん）
④ (　　) kôpu（コップ）
⑤ (　　) Yamada Aiko（山田あいこ）
⑥ (　　) kobe-si（神戸市）

3 ローマ字のつづり方には、べつのつづり方があります。〈れい〉にならって、べつのつづり方を書きなさい。（20点）

〈れい〉 tizu → chizu

① syain →

② tyokin →

③ zyûdô →

④ getuyôbi →

⑤ Huzisan →

4 次の地名は駅（えき）などに書かれているものです。その読み方をひらがなで書きなさい。（8点）

① HIROSHIMA
（　　　　）

② FUKUOKA
（　　　　）

③ KÔCHI
（　　　　）

④ CHIBA
（　　　　）

5 次の文を、ローマ字で書きなさい。（24点）

① 今日は朝礼（ちょうれい）のある日です。

② ぼくは，つくえの上を整理（せいり）した。

③ わたしは，友だちを見送（みおく）りに行く。

④ お母さんが，コップに水を注（そそ）ぐ。

12 説明文①（指しめす言葉）

学習内容とねらい　指し示す言葉（指示語）は、文章の中で同じ言葉や内容を繰り返す代わりに使われます。その指示語より前の言葉や文に注意して、指す内容を正確に読み取ります。

〔　月　日〕

標準クラス

1 次の文章を読んで、あとの問いに答えなさい。

①ハヤブサは天然の絶＊ぺきの岩だなに巣をかけてひなを育てる。そこはいかなる敵もおそってこない安全な場所だからである。もしおそってくるとすれば、②それは崖づたいではなくて空からやってくる＊猛禽類だけだろう。けれど、ワシとかタカとかいう他の猛禽類はたいてい原生林にすんでいるから、そんな海岸の絶ぺきまではやってこない。人の近づかないへき＊地には、海鳥たちがたくさんいる。ハヤブサは③それらをおそってえものにする。

何十万年の長きにわたって、ハヤブサはこういう生き方をしてきた。そのハヤブサが、どういうきっかけからかはわからないけれど、大都会ニューヨークを知った。④そこには人工の＊孤島と断崖絶ぺきがあった。絶ぺきには子育てに適した安全な岩だながあった。町にはたくさんのハト（ドバト）がいた。えものには＊事欠かない。人間はうようよいるが、ハヤブサが飛びまわって生きている空間にはほとんど無関係である。それでハヤブサは増えはじめた。

動物写真家、宮崎学さんの写真集『アニマル黙示録』には、こういう例がたくさん載っている。こういう例は、⑤人工のものと、野生の動物との、ふしぎな「調和」である。

ニューヨークといわず、東京にもいろいろな鳥が増えている。⑥その中にはもともとは外国産の鳥もいる。深い山の＊清渓にしかすまないとされていたオオサンショウウオが、都会の汚れた水路で流れてくる食べものを待っているという、つげ義春の劇画「山椒魚」もどきの光景も、この写真集にある。

（日高敏隆「春の数えかた」一部あらためたところがあります。）

＊絶ぺき…かべのように急なかたむきでそびえたつがけ。
＊猛禽類…性質の荒々しい肉食の鳥。ワシ・タカ・フクロウなど。
＊へき地…都会から遠くはなれていて、交通などが不便な土地。
＊孤島…陸から遠くはなれたところに、一つだけある島。
＊事欠かない…不自由しない。
＊清渓…清らかな谷川。

(1) ——線①「ハヤブサは天然の絶ぺきの岩だなに巣をかけてひなを育てる」とありますが、なぜ、「天然の絶ぺきの岩だな」に巣を作るのですか。

（　　　　　　）

(2) ——線②「それ」は何を指していますか。次の文の〔　〕にあてはまる言葉を、本文中から指定の字数でぬき出して答えなさい。

・〔 六字 〕もの。

(3) ——線③「それら」は何を指していますか。次の文の〔　〕にあてはまる言葉を、本文中からそれぞれ指定の字数でぬき出して答えなさい。

・〔 ㋐ 一字 〕が近づかない〔 ㋑ 三字 〕に、たくさんいる〔 ㋒ 四字 〕。

㋐　㋑　㋒

(4) ——線④「そこ」はどこを指していますか。本文中から十字以内でぬき出して答えなさい。

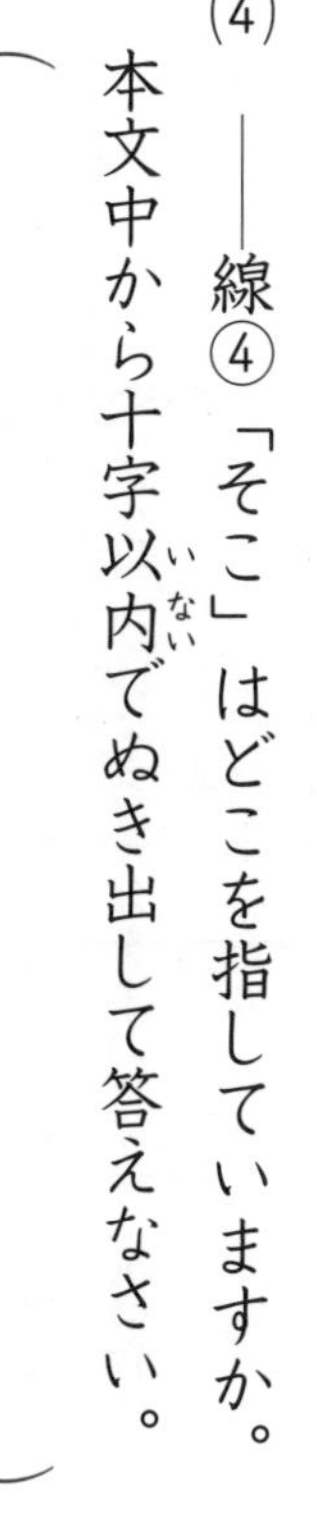

(5) ——線⑤「人工のもの」とは、どのようなものだと考えられますか。ふさわしいものを次からすべてえらび、記号で答えなさい。

ア 原生林　イ ビルディング
ウ 雑木林　エ ベランダ

（　　　　）

(6) ——線⑥「その」は何を指していますか。次の文の〔　〕にあてはまる言葉を、本文中からそれぞれ指定の字数でぬき出して答えなさい。

・〔 ㋐ 二字 〕で増えている〔 ㋑ 六字 〕。

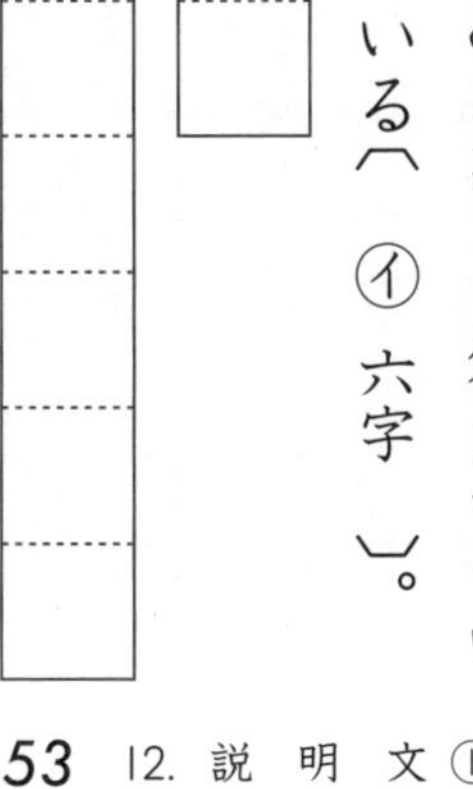

ハイクラス

時間 25分　合かく点 75点　とく点 点　〔 月 日〕

1 次の文章を読んで、あとの問いに答えなさい。

きみたちが遊びたいという気持ちをもつのは、自然だ。遊びたいというのは、必ずしもなまけたいというのではない。①それは、勉強以外のことをやって、もっと幅の広い、生活の知恵を身につけたいからだと思う。何もしないでごろごろ寝ていろと言われたら、きみは、半日でいやになってしまうにちがいない。

テレビを見たい。テレビでは、教科書には書いていない別の世界にもふれられる。たとえ、娯楽番組であっても、自分の体験したことのない、いろいろな人間の姿を知ることができる。

世の中のことをもっともっと知りたいと、きみたちは思うだろう。勉強以外のことで世の中で生きていくために必要なことが、たくさんありそうに思う。学科だけの勉強に、家庭での大半の時間をつぶしていたら、②そういうことは、覚えられずに終わってしまうかもしれない。それだから、きみたちは、学校の勉強以外のことにも興味をもつ。

③それでいいのだ。学校から帰ってすぐ机に向かって、学校のノートをもう一度清書して別のノートを作るというのも勉強だろう。だが、小説を読んだり、スポーツをやったり、工作をやったりして、自分の好きなこと、自分のやれそうなことをためしてみるのも勉強である。

きみたちは、無限の広野を前にして立っている＊開拓者だ。どこを耕してもいい。どこをほってもいい。新しい世界を切り開いていくこと、④新しい金鉱をみつけることが、きみたちの仕事だ。

もう一つだいじなことがある。

きみたちみたいな少年の時代には、全力を出すことが、きみたちのなかの＊天分を発見することになるのだ。天分というのは、かたい岩山の中にかくれている鉱脈のようなものだ。強い力を加えて岩盤を打ちくだかない限り、鉱脈は現れてこない。

それだから、努力しないとだめなのだ。それをじょうずにすることがたいせつなのだ。すべての時間を机に向かって、教科書を読んだり、辞書をひいたり、ノートを作ったりしないで、学校の勉強をする時間、それ以外のことをする時間に分けて、⑤これをうまく配分するのだ。

（松田道雄「君たちの天分を生かそう」〈筑摩書房〉）

＊開拓…開墾。新しい分野などを切り開くこと。
＊天分…生まれつきの才能や性質。

(1) ――線①「それ」は、どのようなことを指していますか。本文中の言葉を使って二十字以内で答えなさい。(20点)

(　　　　)

(2) ――線②「そういうこと」は、どのようなことを指していますか。本文中から二十五字以内でさがし、はじめと終わりの五字を答えなさい。(15点)

□□□□□～□□□□□

(3) ――線③「それ」は、どのようなことを指していますか。本文中の言葉を使って二十字以内で答えなさい。(15点)

(　　　　)

(4) ――線④「新しい金鉱」とありますが、これはどんな内容をたとえたものですか。ここよりあとから二字の言葉をぬき出して答えなさい。(15点)

□□

(5) ――線⑤「これ」は何を指していますか。本文中の言葉を使って二十五字以内で答えなさい。(15点)

(　　　　)

発てん

(6) 本文でのべられている内容として正しくないものを次から一つえらび、記号で答えなさい。(20点)

ア 勉強以外のことに興味をもつのは、自然である。

イ あれこれやりたいと思わずに、学校の勉強のことだけに集中すべきだ。

ウ いろんなことにちょうせんするために、うまく時間を配分していくことがたいせつだ。

(　　)

13 説明文② (つなぎ言葉)

学習内容とねらい

「つなぎ言葉(接続語)」は、文と文、段落と段落の関係を表すために使われます。前の部分とあとの部分がどんなつながり方をしているかを正しくとらえます。

(　月　日)

標準クラス

1 次の文章を読んで、あとの問いに答えなさい。

森林が*酸素を出す、ということがよくいわれます。

なるほど人間が呼吸するのにも酸素が必要です。

[A]、ほかの資源と同じように、もうじき酸素がなくなるのではないか、と心配になり、森林が出してくれる酸素に期待をよせる人が多いのです。

たしかに植物が*光合成をするときに、酸素が出ます。[B]、それに比べて空気の中に含まれている酸素はけたちがいに多いのです。なにしろ空気の五分の一が酸素であり、世界中の森林が一年間に作り出すのは、その数千分の一なのですから。

それに、森林の中では、落ち葉などがくさるという大切な作用があることを思い出してください。①そのおかげで、森の中は落ち葉が山積みにならず、よい土ができ、くさることでつぎの光合成の材料ができるのでしたね。くさるためには、光合成で出したのと同じくらいの量の酸素が使われます。つまり、森林での酸素の出入りはプラスマイナスゼロに近いのです。

そして、地球上の空気はいつもまざり合っていますから、酸素の使用量の多いどこかで急に酸素不足になることはありません。だって、②森林が少なく人口の多い東京などの大都会でも、酸素不足で窒息する人はいないでしょう。まずは、安心して息をしてください。

このように森林が酸素を出す働きはたしかに大切ですが、こうした意味で、森林のそのほかの働きと並べていうのはちょっと場違いのようです。同じ空気に関する問題でも、*二酸化炭素の方は、*二十一世紀のはじめといった近い将来に大問題が起こりそうな、③もっと重要で現実的な問題なのです。

(只木良也「森林はなぜ必要か」)

*酸素…色もにおいもない気体で、空気のおもな成分。
*光合成…植物が太陽の光の助けをかりて、酸素と養分をつくるはたらき。
*二酸化炭素…炭素と酸素の化合した気体。地球上にふえつづけることで、温暖化の原因の一つとなっている。
*二十一世紀のはじめ…本文は二十世紀末に書かれたものです。

(1) A にあてはまる言葉としてもっともよいものを次からえらび、記号で答えなさい。

ア ところで　イ だから
ウ しかも　エ たとえば

（　　）

(2) B について、次のそれぞれの問いに答えなさい。

① B にあてはまる言葉を次からえらび、記号で答えなさい。

ア つまり　イ すると
ウ そして　エ しかし

（　　）

② 前後の文の関係はどのようになりますか。もっともよいものを次からえらび、記号で答えなさい。

ア 前とあとは反対の関係になる。
イ 前のことがらをあとで説明している。
ウ 前が理由で、あとが結果になる。
エ 前のことがらにあとのことがらをつけくわえる。

（　　）

(3) ――線①「その」の指す内容を、本文中から三十字以内でぬき出して答えなさい。（、や。も一字とします。）

（　　）

(4) ――線②「森林が少なく……窒息する人はいない」とありますが、それはなぜですか。もっともよいものを次からえらび、記号で答えなさい。

ア 植物の出す酸素の量が多いから。
イ 地球上の空気はいつもまざり合っているから。
ウ 大都会では、必要な酸素の量は少なくてすむから。
エ 人間は植物のように、多くの酸素を必要としないから。

（　　）

(5) ――線③「もっと重要で現実的な問題」とは、何に関する問題ですか。本文中から五字でぬき出して答えなさい。

□□□□□

ハイクラス

時間	合かく点	とく点
25分	75点	点

（　月　日）

1 次の文章を読んで、あとの問いに答えなさい。

道にマンホールというのがあるのを知っていますか。これもまるい形をしています。

マンホールに四角い形はありません。①これも、お金のときと同じわけでまるくなっているのです。もしも、マンホールのふたが四角だったらどうでしょうか……。

ちょっとまちがってななめにすると、マンホールの中にふたが落ちてしまいます。

[A]、まるくなっていれば、どんな向きにしてもはばがかわらないので、ふたのふちのところでひっかかって、中に落ちないのです。

また、ふたをするときに向きをそろえなくてもいいのです。どのようにおいても、ふたはきちんとしまります。

お金もマンホールのふたもまるいといってきましたが、このようなまるい形を円といいます。

[B]、はばがかわらない形は円だけなのでしょうか。いろいろ考えても、ほかにはそのような形はなさそうに思います。けれども、ほかにも②このような形があるのです。

コンパスで円を一つかきます。

つぎに、その円のまわりのどこでもいいですから一点をきめ、その点を中心にして、さっきの円と同じ半径の円をもう一つかきます。

すると、二つの円が交わる点が二つできました。

[C]、その交わった点のどちらかを中心にして、また同じ半径の円をかきます。

すると、まん中に正三角形のような形ができます。この形が円と同じように、どこもみな同じはばになっている形です。

この形は、円よりは三角形に近い形をしているので、ルーローの三角形とよばれています。ルーローの三角形は、ころがしてみると、円と同じようにいつもはばが同じになっています。

③ルーローの七角形ぐらいになると、ちょう点もあまりとんがっていません。[D]、それほどころがりやすくもありません。日本にはありませんが、このルーローの七角形のお金がイギリスなどでは使われています。

これならじどうはんばい機でも使えそうですね。それに、少しですが角があるので、まるいお金とちがって落としてもころころ……と、ずっと遠くにころがっていくこともありません。④こんなお金が、日本でもできるとおもしろいですね。

（亀村五郎 他「3年生の読みもの―理科や算数が好きになる」）

(1) A〜Dにあてはまる言葉を次からえらび、それぞれ記号で答えなさい。（40点・一つ10点）

ア では　イ そして
ウ しかし　エ そこで

A（　）B（　）C（　）D（　）

(2) ――線①「これ」が指す内容を、本文中の言葉を使って二十字以内で答えなさい。（15点）

（　）

(3) ――線②「このような形」とは、どのような形を指していますか。本文中からぬき出して答えなさい。（15点）

（　）

(4) ――線③「ルーローの七角形」とは、どのようなものですか。もっともよいものを次からえらび、記号で答えなさい。（15点）

ア ルーローが発明した、七つのちょう点をもった図形。
イ はばがすべて同じで、ちょう点が七つある図形。
ウ まるい形にするために、ちょう点を七つにした図形。
エ はばのことなる、七つのちょう点をもった図形。

（　）

(5) ――線④「こんなお金が、日本でもできるとおもしろいですね」とありますが、このときの筆者の気持ちを説明したものとしてもっともよいものを次からえらび、記号で答えなさい。（15点）

ア べんりなお金があるイギリスがうらやましい。
イ 日本にはないお金なのできょうみがある。
ウ おもしろい形のお金を集めたい。
エ お金の種類がふえることになるので、楽しい。

（　）

14 説明文③（言葉の意味に注意して読む）

〔　月　日〕

学習内容とねらい　文中の言葉の意味がわからないときは辞典を引くとよいですが、その言葉の前後の関係や、わかりやすく言い換えているところからも判断できることに留意します。

標準クラス

1 次の文章を読んで、あとの問いに答えなさい。

魚つりに使うおもりには、なまりという金ぞくが使われています。そのなまりを石の上に置いてかなづちでたたくと、なまりはつぶれてしまいます。①そして、もっとたたいていくと、はじめは米粒ほどだったなまりが紙のようにうすくなります。一粒のなまりをどれほど広げられるか、ためしてみるのもおもしろいですね。

こんどは鉄のくぎをペンチで持って、石の上でたたいてみましょう。鉄のくぎもなまりと同じように広がるでしょうか。

鉄のくぎはかんたんにはつぶれませんが、根気よくたたいていくと、少しずつつぶれていきます。

太い銅線があったら、これも石の上でたたいてみましょう。銅は鉄よりはかんたんにつぶすことができるとわかります。

なまりも鉄も銅も金ぞくです。このように、金ぞくはたたいて広げることができます。石やプラスチック、ガラス、せとものなどは、たたくとくだけてしまいます。

金ぞくはたたくとのびて広がります。このようなせいしつを②延展性といい、これは金ぞくのだいじなせいしつの一つなのです。

ぴかぴか光っていても、金ぞくによって色がちがったように、のびやすさや広がりやすさも金ぞくによってちがいがあります。［A］のようにひじょうにやわらかい金ぞくもあるし、［B］のようになかなかつぶれない金ぞくもあります。

金ぞくをうすくのばしたものに金ぱくやアルミニウムはくなどがあります。金をていねいにたたいてうすくのばして作る金ぱくは、あつさ〇・〇〇〇一ミリメートルにもすることができます。米粒ほどの金（約一グラム）をたたみ一まい分くらいにのばすことができるのです。京都にある金閣寺は、このようにして作った金ぱくを、まわりにはりつけているのです。

（亀村五郎 他「4年生の読みもの―理科や算数が好きになる」）

(1) ——線①「そして」が正しく使われているものを次から一つえらび、記号で答えなさい。

ア 急に雨がふってきた。そして、公園で遊んでいたみんなは、ぬれずに家に帰ることができた。

イ 今日は朝から熱が出ている。そして、学校を休むことにした。

ウ スーパーに買い物に行った。そして、たのまれたものを買いそろえた。

エ 兄は、毎日一さつ本を読むことにしている。そして、兄は本の虫なのだ。

（　　）

(2) ——線②「延展性」とは、金ぞくのもつどのようなせいしつですか。本文中の言葉を使って答えなさい。

（　　）

(3) ガラスやせとものが、金ぞくとちがう点はどのような点ですか。次の〔　〕にあてはまる言葉を、本文中からそれぞれぬき出して答えなさい。

・金ぞくは〔 ㋐ 九字 〕るが、ガラスやせとものは〔 ㋑ 十字 〕という点。

㋐ □□□□□□□□□

㋑ □□□□□□□□□□

(4) [A]・[B]にあてはまる言葉を本文中からさがして、答えなさい。

A （　　）

B （　　）

(5) 金ぞくのせいしつを利用して作ったものに、どのようなものがありますか。本文中から二つ見つけて、ぬき出して答えなさい。

（　　）（　　）

ハイクラス

時間 25分　合かく点 75点　とく点 点

〔　月　日〕

1 次の文章を読んで、あとの問いに答えなさい。

ぼくたちの生活は、昔にくらべて確かに①便利になった。たとえば、身近なスーパーは、とても便利な存在だ。世界中から集められた食材がそろっていて、いつでも好きな食べ物が手にはいる。音楽が流れる清潔な店内で、カートを押しながら好きな食べ物を放りこめばいい。だれともしゃべらなくても、買い物はすませることができる。肉を買うのに、お店の人と交渉する必要もない。肉はパックされたもののほうがずっと清潔にみえる。

調理も簡単だ。もし家庭にまな板や包丁がなくても、冷凍食品を使えば食事をつくることができてしまう。味だって、けっしてまずくはない。

（中略）

しかし、スーパーでの買い物は、便利さのかげにかくれて②何かを失っているように思う。自然との付き合いを考えなおさなくては、自然を大事にしよう、と最近はだれもが言う。

でも、ぼくたちの毎日の生活は、その自然から毎日食べ物をもらっているわけだ。［③］、スーパーで売っている食べ物は、いったいどうやって自然から食べ物をもらってきたのか、ますますわからなくなっている。

スーパーに並んでいる魚は、だれがどこからどのようにとってきたのだろうか。切り身になってパックされたものは、生きていたころの魚の形さえわからない。ブタやウシがどのように飼われているのかということだけでなく、殺されて肉になっていく姿もほとんど知らない。

人は水だけ飲んで生きていくわけにはいかない。人が④自然とともに生きるということは、じつは自然の生き物を殺して食べて生きのびているということだ。それは人として生きていくためにはしかたのないことだ。

*臭豆腐を食べることも、虫を食べることも、それぞれの地域で人間が［⑤］をいかに利用して生きていくかという工夫の結果として生まれてきた。そのことを考えておかないと、ぼくたちの常識からみると*奇妙にみえることが、理解できない。

今ぼくたちは、生活の便利さだけを追い求めている。すると、こうした一番大切な、食べて生きていくってどういうことなのだろうという、人として一番大事で根本的な感覚を忘れていくように思う。

たしかに人間は自然とともに生きている。しかし、自然を食べて生きている。このことは、⑥忘れてはいけないと思う。

（西谷大「食べ物と自然の秘密」）

＊臭豆腐…豆腐をとくしゅなバクテリアをふくむ液に入れてはっこうさせ、サイコロのようにして油であげたもの。
＊奇妙…ふつうとは変わっていて、ふしぎな様子。

(1) ――線①「便利」の本文中での意味としてもっともよいものを次からえらび、記号で答えなさい。(15点)

ア 楽なこと　イ 自由のきかないこと
ウ 安いこと　エ つごうのよいこと

（　　）

(2) ――線②「何かを失っているように思う」とありますが、「何か」とは、この場合どのようなことを指していますか。次の（　）にあてはまる言葉としてもっともよいものをあとからえらび、それぞれ記号で答えなさい。（順番はどちらが先でもかまいません。）(20点)

・（　　）と（　　）の関係がわからなくなってしまっているということ。

ア 市場　イ 自然
ウ 食べ物　エ スーパー

（　　）（　　）

(3) ③にあてはまる言葉としてもっともよいものを次からえらび、記号で答えなさい。(15点)

ア だから　イ ところが　ウ また

（　　）

(4) ――線④「自然とともに生きる」とはどういうことだと筆者は考えていますか。短くまとめてのべているところを、本文中から十一字でさがし、ぬき出して答えなさい。(20点)

□□□□□□□□□□□

(5) ⑤にあてはまる二字の言葉を本文中からさがし、ぬき出して答えなさい。(15点)

□□

(6) ⑥には、どんな言葉を入れるとよいですか。次からえらび、記号で答えなさい。(15点)

ア まるで　イ たぶん
ウ 決して　エ どうか

（　　）

チャレンジテスト④

〔　月　日〕

時間	合かく点	とく点
25分	75点	点

1 次の文章を読んで、あとの問いに答えなさい。

ふつうの動物とちがって、人間は、教えられなければ人間らしい生活をすることができません。そして、その人間らしい生活には、「道具」というものが、ぜったいにひつようです。

よく、人間は道具をつかう動物だといいます。ちょっと見わたしたところ、イヌやネコが道具をつかうことなどありません。さいきんは、イヌ用のくつだとか、かさがあるそうですが、それは人間が勝手におしつけたもので、べつにイヌがひつようとしたものではありません。

［①］、もう少しよくしらべると、例外がいます。エジプトハゲワシは、石をくわえてきて、ダチョウのたまごにぶつけ、わって食べるのです。ラッコは、背泳ぎしながら、胸の上に貝をのせ、前足で持った石を貝にぶつけて中身を取り出します。

そこで、「人間は道具を［②］動物だ」と考える学者がでてきました。しかし、実験用に飼っていたチンパンジーは、二本のぼうをつないで、てんじょうからつりさげたバナナをとります。ぼうをつなぐことは、もっともかんたんな道具づくりです。

さいきん、しらべたところ、野生のチンパンジーが、木の枝をおって、葉っぱをむしりとり、③それをシロアリの巣のあなにさしこんで、シロアリつりをしていることがわかりました。シロアリはチンパンジーのだいこうぶつなのです。

チンパンジーは、人間以外の動物のうちでは、もっともりこうな動物です。これが、道具をつかうばかりでなく、つくることもすることがわかったのです。道具は、人間ばかりのものではなくなったのです。

今日では、このように考えられています。チンパンジーにとって道具は、生きていくためにぜったいひつようというものではないのですが、人間は道具がなければ、生きていけません。［④］、人間のもつ道具は、ほかの動物の道具よりはるかにふくざつです。

ほかの動物の道具は、すぐやくにたつ道具ですが、人間は、道具をつくるための道具をつくります。大むかしの人のつかった石器は、動物をころしたり、皮をはいだりするためのものばかりでなく、木の枝をきり、ぼうなどをつくるためのものでもあったのです。

人間は、道具を自由につかいこなしてきました。そのため、人間は自然界の王様となったのです。

（香原志勢「人間という名の動物」）

(1) ①と④にあてはまる言葉を次からえらび、それぞれ記号で答えなさい。（12点）

ア そこで　イ しかし　ウ また

①（　）④（　）

(2) ②にあてはまる三字の言葉を、本文中からぬき出して答えなさい。（8点）

(3) ――線③「それ」について、次のそれぞれの問いに答えなさい。（12点）

① 何を指していますか。本文中の言葉を使って二十五字以内で答えなさい。（、や。も一字とします。）

（　）

② チンパンジーはそれを使って何をするのですか。本文中から六字でぬき出して答えなさい。

(4) 人間にとって、道具とはどういうものですか。次の〔　〕にあてはまる言葉を本文中からぬき出して答えなさい。（8点）

・〔　七字　〕にどうしてもひつようなもの。

(5) この文章で筆者が言いたかったこととして、もっともよいものを次からえらび、記号で答えなさい。（10点）

ア 動物はみなそれぞれ道具をつくっているが、人間の道具がもっともよくできている。

イ 人間だけがふくざつな道具をつくることができ、そのために人間は自然界の王様になることができた。

ウ 人間らしい生活を送るために、人間は道具を発明した。

エ 人間は道具を自由につかいこなして、動物たちを支配し、自然界の王様になることができた。

（　）

2 次の文章を読んで、あとの問いに答えなさい。

＊ファーブル先生は、古代ローマの詩人のウェルギリウスやオウィディウスが大好きですが、その詩の中にも、キャベツやベーコンのスープ、熱い灰の中に入れて料理した卵、塩をした魚などについてはとてもくわしく書かれているのに、インゲンマメだけは出てきません。古代ローマ時代には、まだ、このマメはなかったのでしょうか。

［A］、インゲンマメのことを、フランス語では「アリコ」というのですが、①この名まえだってあやしいぞ、とファーブル先生は考えました。あんまりフランス語らしくないのです。新大陸のどこかの国のことばのようなひびきをもっています。

ちょうどそのころ、ファーブル先生の友人の一人で、村の学校でおしえているジュリアン先生が貸してくれた雑誌の中に、おもしろいことが書いてありました。当時の有名な詩人で、＊南米のことにもくわしいジョゼ・マリア・エレディアという人が、このアリコということばについて語っているのです。

それによると、アリコということばは、もともとは南米のインディオのことばで、十七世紀になって、フランスにはいってきたものなのです。メキシコでは、「アヤコ」といっています。そのアヤコが、フランス語の中にはいって、アリコになったというわけです。

だから、メキシコとその近所の国が、アリコ、［B］インゲンマメの原産地だったのです。ファーブル先生の予想したとおりでした。

ところで、アリコは、日本では、②インゲンマメとよばれているわけですが、この名まえは、「隠元禅師というお坊さんが、中国からもってきたマメ」という意味でつけられました。隠元禅師は中国の人で、まず長崎につき、のちに京都の宇治に黄檗山万福寺というお寺をひらきました。江戸時代の寛文元年（一六六一年）のことでした。ところが、学者によれば、隠元禅師がもってきたのは、ほんとうはフジマメという、べつの種類のマメなのだそうです。ちなみにフジマメは、ウラナミシジミというチョウの＊食草です。

では、インゲンマメは、どうやって日本にはいってきたのかというと、やはり中国からなのです。しかし、それが十七世紀ごろのことだとわかっているだけで、だれがもってきたのかはよくわかりません。

（奥本大三郎「ファーブル昆虫記5」）

＊ファーブル…フランスの昆虫学者。
＊南米…南アメリカのこと。
＊食草…動物の食べる植物のこと。

(1) A・B にあてはまる言葉としてもっともよいものを次からそれぞれえらび、記号で答えなさい。（10点・一つ5点）

ア けれども　イ つまり　ウ ところで

A（　　）B（　　）

(2) ――線①「この名まえだってあやしいぞ、とファーブル先生は考えました」について、次のそれぞれの問いに答えなさい。

① 「この名まえ」とは何を指していますか。次の（　）にあてはまる言葉を、本文中からぬき出して答えなさい。（10点・一つ5点）

・（㋐ 六字　）のフランス語名である（㋑ 三字　）。

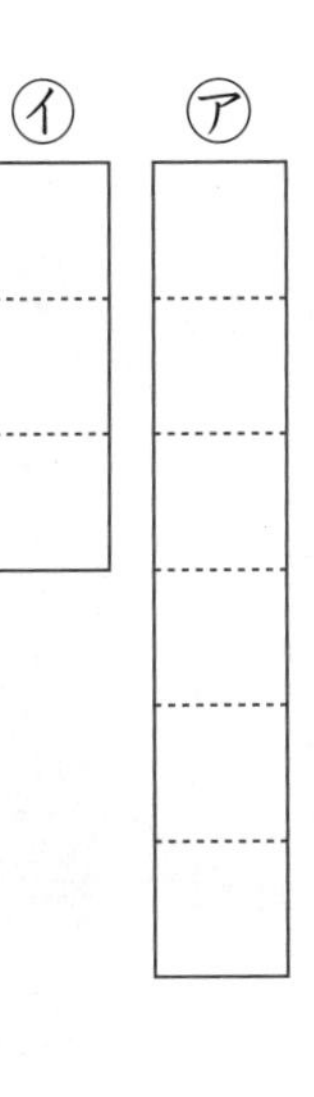

② ファーブル先生は、なぜ「あやしい」と考えたのですか。その理由を本文中から二つさがし、文中の言葉を使って答えなさい。（10点・一つ5点）

（　　　　）

（　　　　）

(3) ――線②「インゲンマメ」についてのべた次のそれぞれの文について、本文の内容と合っているものには○、ちがっているものには×をつけなさい。（20点・一つ4点）

㋐（　）メキシコとその近くの国が原産地である。

㋑（　）十七世紀ごろに、中国から日本にはいってきた。

㋒（　）フジマメと、名前はちがうが同じ種類である。

㋓（　）メキシコでは「アヤコ」、フランスでは「アリコ」とよばれている。

㋔（　）中国から、隠元禅師がつたえたものである。

15 物語文①（会話文に注意して読む）

学習内容とねらい

登場人物が複数いるときは、会話文がだれのものなのかをしっかりと読み取ることが大切です。会話文から人物の考えや気持ちなどを読み取っていきます。

〔　月　日〕

標準クラス

1 次の文章を読んで、あとの問いに答えなさい。

子ぐまは、楽々と木を登りつめて、そのてっぺんのえだの上にちょこんと、すわりこみました。しかし、これは、わたしたちにとっては、たきつぼ*に追いつめるよりも、①つごうのよいことでした。わたしたちは、子ぐまを生けどりにするために、そのくるみの木に、ふたりで登り始めました。

「②これはうまくいきましたね。」

荒木君は、はずんだ声で言いました。

「③こうなったら、もう、しめたものさ。」

わたしは、もうすっかり子ぐまを□に入れたつもりで、こんなことを言いました。

④子ぐまは、自分の最後を感づいたものか、くるみの木のてっぺんで、しきりに、クンクンと悲しげな鼻声を出していたのでした。と、その時、わたしたちは、「あっ。」とさけんで、⑤ころげ落ちるようにくるみの木からとびおり、がけぶちのもみの大木によじ登りました。

それは、ドードーと落ちるたきの音を消すほどの、⑥岩もはりさけるような声が、すぐわたしの身近で起こったように思われたからでした。わたしたちは、また、別なくまがあらわれたのではないか、と思ったほどでした。

（椋　鳩十「月の輪グマ」）

＊たきつぼ…たきの水が落ちこむ深い所。

(1) ――線①「つごうのよいこと」とありますが、何をするのにつごうがよいのですか。「〜こと。」につながるように、本文中から十一字でぬき出して答えなさい。

□□□□□□□□□□□ こと。

(2) ――線②「これはうまくいきましたね」とありますが、このときの気持ちがあらわれている表現を、本文中から五字でぬき出して答えなさい。

□□□□□

(3) ——線③「こうなったら、もう、しめたものさ」は、だれが言った言葉ですか。本文中からぬき出して答えなさい。

（　　　）

(4) 本文中の□に入る言葉として、もっともよいものを次からえらび、記号で答えなさい。

ア ロ　イ 手　ウ 目　エ 腹

（　　　）

(5) ——線④「子ぐまは、自分の最後を感づいたものか」とありますが、子ぐまはそのあと、どんな行動をとりましたか。次の（　　）にあてはまる言葉を、それぞれ本文中からぬき出して答えなさい。

•（㋐ 五字）のてっぺんで、（㋑ 三字）な（㋒ 二字）を出した。

㋐ □□□□□

㋑ □□□

㋒ □□

(6) ——線⑤「ころげ落ちるようにくるみの木からとびおり、がけぶちのもみの大木によじ登りました」とありますが、このような行動をとったのはなぜですか。次の（　　）にあてはまる言葉を、本文中から十六字でぬき出して答えなさい。

•また（　　　）と思ったから。

□□□□□□□□□□□□□□□□

(7) ——線⑥「岩もはりさけるような声」とは、どのような声ですか。もっともよいものを次からえらび、記号で答えなさい。

ア たいへんいきおいのある声。

イ どっしりとした、たのもしい声。

ウ とても大きく、迫力のある声。

エ 岩を動かすような力のある声。

（　　　）

時間	合かく点	とく点
25分	75点	点

（　月　日）

1 次の文章を読んで、あとの問いに答えなさい。

「今日も、一生けん命走ってきたよ！」
①おれは、ばあちゃんに得意になって報告した。
ところが、ばあちゃんは、

「一生けん命、走ったらダメ」

と、言ったのである。

「なんで、一生けん命走ったら、いかんと？」

「はら、へるから」

「②……ふうん」

何を言い出すのかと思いながら、おれがその場を去ろうとすると、ばあちゃんはさらにおれを引きとめる。

「ちょっと昭広、もうひとつ。まさか、くつはいて走っとらんとやろうねえ？」

「え？　はいてるよ」

「バカタレー！　はだしで走れ！　くつがへる！」

さすがに、この③ふたつの言いつけは聞かないことにして、おれは毎日けん命に、もちろんくつをはいて走り続けた。

さて、木の実をおやつに、おもちゃも手作り、スポーツも走るだけという、いたってシンプルな貧乏生活。

まだまだ子供だったし、そう辛いとも思っていなかったが、それでもある日、何となくばあちゃんに言ってみたことがある。

「ばあちゃん、うちって貧乏だけど、そのうち金持ちになったらいいねー」

しかし、ばあちゃんの答えはこうだった。

「何言うとるの。貧乏には二通りある。暗い貧乏と明るい貧乏。うちは明るい貧乏だからよか。それも、最近貧乏になったのとちがうから、心配せんでもよか。自信を持ちなさい。うちは先祖代々貧乏だから。第一、④金持ちは大変と。いいもの食べたり、旅行に行ったり、忙しい。それに、いい服着て歩くから、こける時も気いつけてこけないとダメだし。その点、貧乏で最初から汚い服着てたら、雨が降ろうが、地面にすわろうが、こけようが、何してもいい。ああ、貧乏で良かった」

「⑤ばあちゃん、お休み」

としか言いようのないおれだった。


（島田洋七「佐賀のがばいばあちゃん」）

(1) ——線①「おれ」の名前を、本文中からぬき出して答えなさい。（10点）

（　　　）

(2) ——線②「……ふうん」とありますが、このときの「おれ」の気持ちとしてもっともよいものを次からえらび、記号で答えなさい。（15点）

ア なんとなく納得がいかない。
イ なるほど、と感心している。
ウ ふざけるな、と腹を立てている。
エ 意味がわからなくてこまっている。

（　　　）

(3) ——線③「ふたつの言いつけ」とはどんな言いつけですか。次の〔　　〕にあてはまる言葉を、本文中からそれぞれぬき出して答えなさい。（50点・一つ10点）

・〔 ㋐ 二字 〕が〔 ㋑ 二字 〕から〔 ㋒ 五字 〕走るな。
・〔 ㋓ 五字 〕から〔 ㋔ 三字 〕で走れ。

㋐ □□
㋑ □□
㋒ □□□□□
㋓ □□□□□
㋔ □□□

(4) ——線④「金持ちは大変」とありますが、金持ちとくらべて、貧乏はどんなところがよいとばあちゃんは言っていますか。それがわかる一文を本文中からさがし、はじめと終わりの五字をぬき出して答えなさい。（、や。も一字とします。）（10点）

□□□□□ ～ □□□□□

(5) ——線⑤「ばあちゃん、お休み」と言ったときの「おれ」の様子としてもっともよいものを次からえらび、記号で答えなさい。（15点）

ア 悲しくて、これ以上何も言えない様子。
イ 腹立たしくて、これ以上話していたくない様子。
ウ あきれかえって、言葉を失っている様子。
エ 感動して何も言えない様子。

（　　　）

16 物語文②（言葉や様子に注意して読む）

学習内容とねらい

一つ一つの言葉や表現に気をつけて、場面の様子や登場人物の行動・気持ちを正しく読み取っていきます。場面の移り変わりにも注意が必要です。

〔　月　日〕

標準クラス

1 次の文章を読んで、あとの問いに答えなさい。

山から里のほうへあそびにいったさるが一本の赤いろうそくをひろいました。赤いろうそくはたくさんあるものではありません。それでさるは赤いろうそくを花火だと思いこんでしまいました。

さるはひろった赤いろうそくをだいじに山へ持ってかえりました。

山ではたいへんなさわぎになりました。なにしろ花火などというものは、しかにしてもししにしてもうさぎにしても、かめにしても、いたちにしても、たぬきにしても、きつねにしても、①まだいちどもみたことがありません。その花火をさるがひろってきたというのであります。

「ほう、すばらしい。」

「これは、すてきなものだ。」

しかやししやうさぎやかめやいたちやたぬきやきつねが*おし合いへしあいして赤いろうそくをのぞきました。

するとさるが、

「あぶないあぶない。そんなにちかよってはいけない。ばくはつするから。」

といいました。

②みんなはおどろいてしりごみしました。

そこでさるは花火というものが、どんなに大きな音をしてとびだすか、そしてどんなにうつくしく空にひろがるか、みんなに話して聞かせました。そんなにうつくしいものならみたいものだとみんなは思いました。

「それなら、③こんばん山のてっぺんにいってあそこでうちあげてみよう。」

とさるがいいました。

みんなはたいへんよろこびました。夜の空に星をふりまくようにぱあっとひろがる花火を目にうかべてみんなはうっとりしました。

さて、夜になりました。みんなはむねをおどらせて山のてっぺんにやっていきました。さるはもう赤いろうそくを木の枝にくくりつけてみんなのくるのをまっていました。

いよいよこれから花火をうちあげることになりました。しかし④こまったことができました。と申しますのは、だれも花火に火をつけようとしなかったからです。みんな花火をみることはすきでしたが火をつけにいくことは、すきでなかったのであります。

（新美南吉「赤いろうそく」）

＊おし合いへしあい…人がおおぜい集まって、こんざつしている様子。

(1) ――線①「まだいちどもみたことがありません」とありますが、そのため、山にいた動物たちはどのようなことをしましたか。それがもっともよくわかる一文を本文中からさがし、はじめと終わりの五字を答えなさい。（、や。も一字とします。）

□□□□□～□□□□□

(2) ――線②「みんなはおどろいてしりごみしました」とありますが、それはなぜですか。次の〔　〕にあてはまる言葉を、それぞれ本文中からぬき出して答えなさい。ただし、答えはすべてひらがなの言葉とします。

・〔 ㋐ 二字 〕が、〔 ㋑ 六字 〕とみんなに言ったから。

㋐ □□　㋑ □□□□□□

(3) ――線③「こんばん山のてっぺんにいってあそこでうちあげてみよう」と思ったさるは、次に何をしましたか。本文中の言葉を使って、二十字以内で答えなさい。

（　　　　　　　　　　）

(4) ――線④「こまったこと」とありますが、何がこまったことなのですか。「～こと。」につながるように、本文中から二十字以内でぬき出して答えなさい。

（　　　　　　　　　　）こと。

(5) 夜の空にひろがる花火の様子を、たとえを使って表しているところを見つけ、本文中から九字でぬき出して答えなさい。

□□□□□□□□□

時間	合かく点	とく点
25分	75点	点

〔　月　日〕

1 次の文章を読んで、あとの問いに答えなさい。

これは、わたしが小さいときに、村の茂平というおじいさんからきいたお話です。

むかしは、わたしたちの村のちかくの、中山というところに小さなお城があって、中山さまというおとのさまが、おられたそうです。

その中山から、すこしはなれた山の中に、「ごんぎつね」というきつねがいました。ごんは、ひとりぼっちの小ぎつねで、しだのいっぱいしげった森の中に穴をほって住んでいました。そして、①夜でも昼でも、あたりの村へ出てきて、いたずらばかりしました。はたけへはいっていもをほりちらしたり、菜種がらのほしてあるのへ火をつけたり、百姓家のうらてにつるしてあるとんがらしをむしりとっていったり、いろんなことをしました。

ある秋のことでした。②二、三日雨がふりつづいたそのあいだ、ごんは、外へも出られなくて穴の中にしゃがんでいました。

雨があがると、ごんは、ほっとして穴からはい出ました。空はからっと晴れていて、もずの声がきんきん、ひびいていました。

ごんは、村の小川のつつみまで出てきました。③あたりの、すすきの穂には、まだ雨のしずくが光っていました。川はいつもは水が少ないのですが、三日もの雨で、水が、どっとましていました。ただのときは水につかることのない、川べりのすすきや、はぎのかぶが、黄色くにごった水によこだおしになって、もまれています。ごんは川しものほうへと、ぬかるむみちを歩いていきました。

ふとみると、川の中に人がいて、何かやっています。ごんは、みつからないように、そうっと草の深いところへ歩きよって、そこからじっとのぞいてみました。

「兵十だな。」と、ごんは思いました。兵十はぼろぼろの黒いきものをまくしあげて、腰のところまで水にひたりながら、さかなをとる、はりきりという、あみをゆすぶっていました。④はちまきをした顔のよこっちょうに、まるいはぎの葉が一まい、大きなほくろみたいにへばりついていました。

（新美南吉「ごんぎつね」）

(1) ――線①「夜でも昼でも、あたりの村へ出てきて、いたずらばかりしました」とありますが、なぜそのようなことをしたのですか。次の〔　〕にあてはまる言葉を、本文中からぬき出して答えなさい。【　】には自分で考えた言葉を答えなさい。字数のヒントはありません。(30点・一つ10点)

・〔 ㋐ 二字 〕は〔 ㋑ 六字 〕で森に住んでいたので、【 ㋒ 】から。

㋐
㋑
㋒

(2) ――線②「二、三日雨がふりつづいた」とありますが、雨があがったときの、ごんの気持ちが表れている言葉を、本文中から五字でぬき出しなさい。(20点)

(3) ――線③「あたりの、すすきの穂には、まだ雨のしずくが光っていました」から、どのようなことがわかりますか。もっともよいものを次からえらび、記号で答えなさい。(20点)

ア 雨にぬれたすすきの穂が、かわきかけているということ。
イ すすきの穂がしんからぬれるくらい、たくさんの雨がふったということ。
ウ 雨があがって間もないので、すすきの穂がまだぬれているということ。

(　　)

(4) ――線④「はちまきをした顔のよこっちょうに、まるいはぎの葉が一まい、大きなほくろみたいにへばりついていました」から、兵十のどのような様子がわかりますか。もっともよいものを次からえらび、記号で答えなさい。(30点)

ア はちまきをして、はぎの葉を顔に一まいずつていねいにはりつけている様子。
イ 顔に葉っぱがついていることに気づかないくらい、いっしょうけんめいな様子。
ウ 顔のよこに大きなほくろがあるのを、葉っぱでかくそうとしている様子。

(　　)

物語文 ③（人物の気持ちに注意して読む）

（　月　日）

学習内容とねらい

物語文では、登場人物の気持ちを読み取ることが読解の中心となります。会話や人物の行動などから気持ちを読み取るように意識しましょう。

標準クラス

1 次の文章を読んで、あとの問いに答えなさい。

その時だ。①ちょうど一人だけになった泳ぎ手にぼくの目は引きつけられた。男の子だ。年上かな？　ぼくよりも、だいぶサイズが大きく見える。そんなことより問題は、彼の泳ぎ方！　なんておかしな格好だ。クロール、バタフライ、犬かき、それらがごっちゃになったような泳ぎっぷりなんだ。ふざけているというよりは、どう見ても、じたばたもがいている。おぼれるんじゃないかと、ぼくが心配になった時、彼は一度立ち上がり、ゆっくり息を吸い込むと、またわきめもふらずに泳ぎ出した。

少しずつ、少しずつ、彼はぼくのほうにやってきた。そして、②ぼくは気づいた。彼はうでを一本しか使わずに泳いでいるんだ。右うで。右うでだけ。だから、まっすぐに進めず、下手なボート漕ぎみたいに、ふらふらと回ってしまう。それでも、ようやく彼はぼくのすぐ近くのサイドに曲がりながら、たどりついた。

顔に流れる水をはらいもせず、彼は大きく息をはずませた。

ぼくは、目を皿のようにしてぶしつけにじろじろと彼を見つめてしまった。左うでがない。ない、としか言いようがない。肩から先の空白に、ぼくは胸がつまるような息苦しさを覚えた。

彼はぼくの目をきっとにらんだ。ぼくはあわてて視線をそらし、③体中がかっかと熱くなった。

「ごめん。つまり……」

下を向いたまま謝ったが、④何を言ったらいいのかわからなかった。

「おまえ、両方あるのに右に曲がるのな」

その挑戦的な台詞を、意外にも澄んだ声で言い放つと、彼はプールサイドを歩いていってバスタオルを体に巻き付けた。

空白の左うでが緑の布に隠れる。

「バランスが悪いんだ」

大声で言いながら、こちらに戻ってくる青白い長身から、えたいの知れないエネルギーがきらきらとこぼれ落ち、⑤ぼくは射すくめられたように身をかたくした。

（佐藤多佳子「サマータイム」）

＊射すくめる…鋭い目つきでじっとみつめて、動けなくさせる。

(1) ――線①「ちょうど一人だけになった泳ぎ手にぼくの目は引きつけられた」とありますが、それはなぜですか。次の〔　〕にあてはまる言葉を、本文中からぬき出して答えなさい。

・その男の子が〔　六字　〕で泳いでいたから。

(2) ――線②「ぼくは気づいた」とありますが、どんなことに気づいたのですか。本文中の言葉を使って答えなさい。

（　　　　）

(3) ――線③「体中がかっかと熱くなった」とありますが、このときの「ぼく」の気持ちを表す言葉としてもっともよいものを次からえらび、記号で答えなさい。

ア はずかしさ　イ おそろしさ

ウ うれしさ　エ いまいましさ

（　　）

(4) ――線④「何を言ったらいいのかわからなかった」とありますが、このときの「ぼく」の気持ちとしてもっともよいものを次からえらび、記号で答えなさい。

ア こわい目でにらまれているので、どう言ったらいいのかわからない。

イ 泳ぎを教えてあげたいけれど、どう切り出したらいいかわからない。

ウ 相手をきずつけてしまったかもしれないが、どう謝ったらいいのかわからない。

（　　）

(5) ――線⑤「ぼくは射すくめられたように身をかたくした」とありますが、「彼」の何がそのようにさせたのですか。本文中から十五字以内でぬき出して答えなさい。

（　　　　）

時間	合かく点	とく点
25分	75点	点

〔　月　日〕

1 次の文章を読んで、あとの問いに答えなさい。

「①ママ、電話のとき、おもしろいじゃろ」

階段の途中で、青波が追いついてきた。

「そうだな。母さんが方言使うの、初めて聞いたな」

「せっちゃんて人と話するときは、いっつもああだよ。ママって相手によって、声とか言いかたとかぜんぜんちがうんじゃ。中本のおばちゃんなんかと話するときは、ちょっと早口になるし、学校の先生なんかだとゆっくりになるんで。*アルセーヌ・ルパンみたいだなって、いっつも思う」

「おまえ、よく知ってるな」

青波が、ふわっと笑った。

「だって、ずっといっしょじゃもん。ぼく、よう学校休むけん、一日、ママとおるじゃろ。なっ、兄ちゃん」

「なんだよ」

「②ママの言うたこと、ほんとかな」

巧は、部屋の前で立ちどまり、青波に向かい合う。青波は、まっすぐに兄の顔を見ていた。

「*新田の空気が身体にええって、ママ言うたろ。そう思う？」

そんなことわかるかよと、答えるのは簡単だった。けれど、巧は黙って目をふせた。真正面からの青波の視線が重たかった。部屋のドアをあける。

「こいよ、青波。③おれも聞きたいことあるんだ」

青波がスキップするみたいに部屋にとびこむ。すみにつんである布団の上に座りこんだ。

「明日、ベッドが来るね。ぼく、窓のとこにおくんじゃ。寝てても外が見えるじゃろ」

巧は、たたみに座り、ボールを握った。かたいゴムの感触が手のひらに伝わる。

「青波、おまえ、なんでわかったんだ」

「え？」

「おれが、ランニングの途中で誰かと会ったってこと、なんでわかったんだ」

「だって、兄ちゃんがあんなにランニングでおそうなるなんて、どっかでけがしたか、道に迷うたか、誰かと話してたかしかないじゃろ。帰ってきたとき、けがしてなかったし、なんとなくうれしそうな顔してたから、誰かと楽しい話してたんかなって思うたんじゃ」

放りあげたボールを、もう少しで落としそうになった。

青波は、さっきのアルバムを見ている。うつむいた横顔は、電灯の下で、ふだんよりさらに小さく見えた。

「④すごいな」

巧は、本気で言った。

（あさの　あつこ「バッテリー」）

＊アルセーヌ・ルパン…物語に出てくる不思議な行動をするとうぞく。
＊新田…地名。

(1) ――線①「ママ、電話のとき、おもしろいじゃろ」とありますが、ママのどんなところがおもしろいのですか。次の（　）にあてはまる言葉を、本文中からそれぞれぬき出して答えなさい。（30点・一つ10点）

・ママが人と話すとき、（㋐二字）によって、（㋑一字）や（㋒四字）をまったく変えてしまうところ。

㋐ □□　㋑ □　㋒ □□□□

(2) ――線②「ママの言うたこと」とありますが、「ママ」は青波にどんなことを言ったのですか。本文中の言葉を使って二十字以内で答えなさい。（、や。も一字とします。）（20点）

（　　　　　　）

(3) ――線③「おれも聞きたいことあるんだ」とありますが、巧はどんなことを聞きたかったのですか。本文中の言葉を使って、四十五字以内で答えなさい。（、や。も一字とします。）（30点）

（　　　　　　）

(4) ――線④「すごいな」とありますが、巧は青波のどんなところがすごいと思ったのですか。次の（　）にあてはまる言葉を、本文中からぬき出して答えなさい。（20点・一つ10点）

・弟の青波が、（㋐三字）のことだけでなく、（㋑一字）の自分のこともよく観察して、知っていたから。

㋐ □□□　㋑ □

チャレンジテスト⑤

時間	合かく点	とく点
25分	75点	点

（　月　日）

1 次の文章を読んで、あとの問いに答えなさい。

塾でいっしょのカコとてっちゃんは、クラスでも仲良くしていて、いつもいっしょにいた。

ふたりはいつもにぎやかで、男子ともよくしゃべっている。特に、湯原、久野コンビとしゃべってる姿をよく見る。

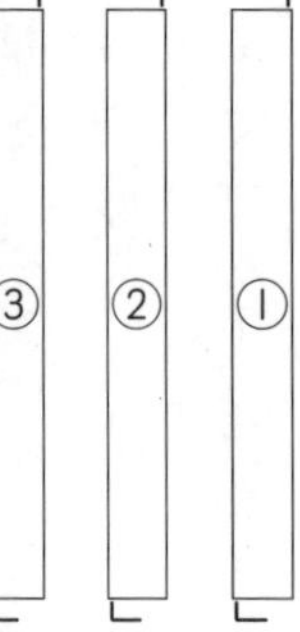

「カラスの羽みたいに真っ黒ってこと。そういえば、カラスって、死んだひとの家の屋根に集まるんだって。なんか、＊不気味だよねぇ。あんたも不気味だから、私たちから離れてよ」

「おお、だったらますますおまえたちのそばにいてやらなきゃな。てめえらみたいなうるさいのがいると、④うちのクラスのイメージダウンだからな。このクラスから消えるように、カラス役になってやるよ」

「何言ってんの？　私たちはこのクラスを明るくしてる太陽みたいな存在なんだから。神さまだよ、神さま。美しい女神さまだよ」

「バーカ、勘違いしてんじゃねえよ。この間の体育の時間だって、⑤おまえたちがしゃべるのやめねぇから、先生が怒って職員室に帰っちゃって、クラス全員で謝りに行くはめになったんじゃないかよぉ」

「それは、⑥あんたたちが、集合の笛がなってるのに、プロレスの技をかけあってたからじゃん！　私たちのせいにしないでよね」

⑦そんなやりとりが、教室に大きく響いている。

その様子は、ケンカをしているというより、仲良くしてるようにしか見えなかった。

子犬どうしが、本気じゃなくかみつきあってるみたい、じゃれあってるって感じ。

（草野たき「教室の祭り」）

＊不気味…なんとなく気味が悪いこと。

(1) ①～③に入る言葉として、もっともよいものを次からそれぞれえらび、記号で答えなさい。（12点・一つ4点）

ア　おまえら、その頭、茶髪にしてるだろう

イ　カラス色ってなんだよ

ウ してないよ。あんたみたいにカラス色じゃないだけだもん
エ じゃあカラス色に変えてみろよ

①（　　）②（　　）③（　　）

(2) ――線④「うちのクラスのイメージダウン」とありますが、どのようなできごとを「イメージダウン」と考えていますか。次の（　　）にあてはまる言葉を、本文中からさがし、それぞれぬき出して答えなさい。（10点・一つ5点）

・この間の（㋐五字）、怒らせて職員室に帰ってしまった先生に、（㋑八字）に行ったできごと。

㋐ □□□□□

㋑ □□□□□□□□

(3) ――線⑤「おまえたち」、――線⑥「あんたたち」とは、それぞれだれとだれを指していますか。本文中からさがし、ぬき出して答えなさい。（10点・一つ5点）

⑤（　　）と（　　）

⑥（　　）と（　　）

(4) ――線⑦「そんなやりとり」について、次のそれぞれの問いに答えなさい。

① まわりから見ると、どのような様子に見えていますか。本文中の言葉を使って答えなさい。（10点）

（　　　　）

② その様子を何にたとえていますか。次の（　　）にあてはまる言葉を、本文中からさがし、それぞれぬき出して答えなさい。（10点・一つ5点）

・（㋐二字）どうしが、（㋑六字）いる様子。

㋐ □□

㋑ □□□□□□

2 次の文章を読んで、あとの問いに答えなさい。

車からおりると、石の門があった。一歩、踏み込む。甘い香りがした。梅だ。見あげるほど、大きな梅の樹だった。幹も枝も太い。紅の花が重なるように咲いて、息がつまるほどの芳香をはなっていた。この梅、見たことある。

重なり合った鮮やかな紅の色と、身体全部をつつみこむ匂いを、巧は覚えていた。遠い昔、この樹の下に立っていた。春のはじめ、朝だったのだろう。立ちこめる狭霧の中、紅の梅は甘く香をはなちながらひそやかに花弁を開いていた。早春に咲く花の香と静寂が記憶の淵から浮かびあがってくる。

「巧、よう来たのう」

名前を呼ばれて、振りかえる。真っ白な頭が目にとびこんできた。みごとな白髪だった。その下に、日に焼けた大きな顔があった。鼻も目も大きい。白い口ひげの下の唇だけが、形よく整っている。

「青波。巧。おじいちゃんよ」

巧は、だまって頭を下げた。青波は、巧の後ろにかくれるようにして笑っている。

「青波に会うのは初めてじゃのう。うん？　何がおかしいんじゃ」

「①だって、おじいちゃん、この梅の精みたいじゃもん」

青波は、梅の樹を指さした。

「大きくて、ごつごつしとる。あっ、けど頭の色がちがう」

「梅の精、こりゃどうも、えらいこと言われたのう」

「おかしいでしょう、この子。すごく②おもしろいこと言うの。でもおしゃべりは後にして、車から荷物おろしてね。明日の朝には、荷物が全部とどくんだから、今日の荷物は、今日じゅうに片付けて。今日から、青波も巧もひとりひと部屋なんだから」

「そうじゃ。家は古いが部屋だけはぎょうさんあるぞ」

③やったと、青波がばんざいをする。巧は、大型のショルダーバッグを肩にかけて、もう一度、祖父の顔を見た。

この人が、井岡洋三か。あんがい小さいな。

祖父が、ふいに顔を向けてきた。目が合う。黒というよりこげ茶に近い瞳。

巧は、顔をそむけて歩きだした。歩きながら、あの瞳の色も覚えていたと思った。

（あさの あつこ「バッテリー」）

＊狭霧…霧のこと。
＊花弁…はなびら。
＊精…木や水などに宿ると考えられたたましい。

(1) ——線①「だって、おじいちゃん、この梅の精みたいじゃもん」とありますが、どのようなところが「梅の精みたい」なのですか。本文中の言葉を使って二十字以内で答えなさい。(10点)

(　　)

(2) ——線②「おもしろい」と同じ意味で使われているものを次から一つえらび、記号で答えなさい。(8点)

ア この間見た映画はとてもおもしろかった。

イ おもしろい顔をして、みんなをわらわせる。

ウ 君の意見はなかなかおもしろい。

(　　)

(3) ——線③「やったと、青波がばんざいをする」とありますが、どんなことをよろこんでいるのですか。次の〔　〕にあてはまる言葉を、本文中からそれぞれぬき出して答えなさい。(10点・一つ5点)

・〔㋐二字〕から、ひとり〔㋑四字〕もらえるということ。

㋐ □□

㋑ □□□□

(4) この文章には、巧と青波の兄弟と、お母さん、祖父の四人が出てきます。そのうち、お母さんの話した言葉を、本文中の会話文から二つ見つけて、はじめの五字をそれぞれぬき出しなさい。(「や、や。もふくみます。)(10点・一つ5点)

・□□□□□

・□□□□□

発てん (5) この文章は、どんな場面をえがいたものですか。もっともよいものを次からえらび、記号で答えなさい。(10点)

ア 新しく建てた家に、家族みんなで引っ越してきた場面。

イ 孫たちの住む家に、祖父が遊びにきた場面。

ウ 幼いころに会ったきりの巧と祖父が再会する場面。

エ 重い病気の祖父を、家族みんなでみまいにきた場面。

(　　)

18 説明文④（段落に注意して読む）

〔　月　日〕

学習内容とねらい　「段落」とは、文章をいくつかのまとまった内容に分けた、そのひと区切りをいいます。前後の段落の関係を考えながら、段落ごとに大事な点を読み取ります。

標準クラス

1　次の文章を読んで、あとの問いに答えなさい。
（1～2は段落番号です。）

1　夏もたけなわになって晴れた日が続き、さらに秋空を思わせるころになると、私たちには夜空を美しく色どる花火がなつかしく思われます。そして、日本の各地には、花火大会がにぎやかにもよおされます。花火は、古くから私たち日本人にとって、えんの深いもののようです。そのためか、今日、日本の花火の技術はたいへんすばらしく、花火玉は毎年さかんに外国へも輸出されています。

2　花火は、一五四〇年ごろ、イタリアで初めて作られたと言われています。日本にその花火が渡来したのは*天正のころで、鉄砲と同じくヨーロッパ人によって伝えられました。その後、日本で、日本人の好みに合った花火の技術が急速に進んで、江戸時代にはかぎ屋*・玉屋で有名なかぎ屋の打ち上げ花火が*全盛をきわめるようになりました。夏の夜空に開く柳や菊の火の芸術品は、今とは違ってほんとうにまっ暗な当時の空に、どんなに美しくながめられたことでしょう。

（崎川範行「科学のくず籠」）

*天正…安土・桃山時代の年号。一五七三年～一五九二年。
*かぎ屋・玉屋…花火を作るお店の名前。
*全盛…最もさかんな状態や時期にあること。

(1)　この文章は、二つの段落からなっていますが、全体を通じて、何についてのべられていますか。本文中から二字でぬき出して答えなさい。

(2)　――線「夜空を美しく色どる花火」とありますが、そのすばらしさをべつの言葉で言いかえている表現を、第二段落からさがし、五字でぬき出しなさい。

(3) 第一段落の内容を次のようにまとめました。〔　〕にあてはまる言葉を、第一段落からそれぞれぬき出して答えなさい。

・花火は、古くから日本人と〔㋐五字〕ものであるから、今日の日本の〔㋑五字〕はひじょうにすばらしいものである。そのために、〔㋒二字〕へも、日本の花火玉は〔㋓二字〕されている。

㋐

㋑

㋒

㋓

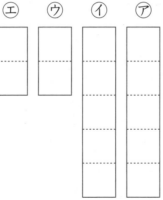

(4) 第二段落の内容を次のような表にまとめました。書かれている順序に注意して、(①)〜(⑥)にあてはまる言葉を、本文中からそれぞれぬき出して答えなさい。

時代	できごと
(①　　)年ごろ	花火は(②　　)で初めて作られた。
(③　　)のころ	(④　　)人によって日本に伝えられた。
(⑤　　)時代	花火の(⑥　　)が進んで、打ち上げ花火が全盛をきわめた。

(5) 第二段落に「見出し(題名)」をつけたいと思います。もっともよいものを次からえらび、記号で答えなさい。

ア 江戸式花火の開発

イ 花火のおおまかな歴史

ウ 江戸の花火の美しさ

エ 花火と日本の関係

(　　)

ハイクラス

時間 25分　合かく点 75点　とく点 点

（　月　日）

1 次の文章を読んで、あとの問いに答えなさい。

（1～6は段落番号です。）

1 十円玉や百円玉は、落とすところころところがってしまいます。ジュースのじどうはんばい機の前で十円玉を落とすと、ころころとおくの方にころがっていって取れなくなることがあります。そんなときに、いったいどうしてお金はまるいんだろうと思います。また、まるいものは、作るときにもむだが出ます。クッキー作りで考えてみましょう。クッキーの＊生地をたいらにのばしてまるいかたでくりぬいていきます。すると、たくさん使えないところが出てきます。でも、クッキーの生地なら、あまったものをまとめて、また、たいらにのばしてくりぬいていくことができますが、お金を作るときにはそうはいきません。かんたんにまるめることもできません。もし、十円玉が四角なら、むだも出ません。

2 それなのに、どうして十円玉はまるいのでしょうか。

3 お金は、おさいふの中でぶつかりあったり、ときには道に落とされたりもします。そんなとき、かどのないまるい形はこわれにくいのです。大切なお金が、すぐにかけてしまってはこまります。だから、まるい形をしているのです。

4 そして、ころころところがるというのは、べんりなときもあります。それは、じどうはんばい機などに入れるときです。もしも、十円玉が四角だったら、じどうはんばい機の中にすぐひっかかってしまいます。でも、まんまるければころがって、ひっかからずにすむからです。

5 [　　]、まるいお金は金がくによって大きさがちがいます。これもとてもべんりなことなのです。

6 たとえば、十円玉は、十円玉のはばのところなら、どんな向きにでも入れることができますし、そのはばがかわることがありません。でも、お金が四角い形をしていたらどうでしょう。正方形のお金だったら、うっかりすると、じどうはんばい機は、小さいお金を、大きなお金とまちがえてしまうかもしれません。

（亀村五郎 他「3年生の読みもの―理科や算数が好きになる」）

＊生地…ここでは、パンやおかしを作るときの、火を通す前の状態の材料のこと。

(1) この文章で、読み手に問いかけているのは、何番目の段落ですか。番号で答えなさい。(15点)

(　　)

(2) 第一段落の内容をまとめた次の文の〔　〕にあてはまる言葉を、本文中からそれぞれぬき出して答えなさい。(28点・一つ7点)

• まるいお金は、〔㋐ 三字〕と〔㋑ 五字〕しまうのでふべんである。また、作るときにたくさん〔㋒ 七字〕が出るので〔㋓ 二字〕が多い。

㋐ □□□

㋑ □□□□□

㋒ □□□□□□□

㋓ □□

(3) 第五段落の□にあてはまる言葉としてもっともよいものを次からえらび、記号で答えなさい。(15点)

ア ところが　イ だから　ウ また

(　　)

(4) 「お金がまるいとべんりなこと」を次のようにまとめました。〔　〕にあてはまる言葉を、本文中からそれぞれぬき出して答えなさい。(32点・一つ8点)

• かどがないので〔㋐ 六字〕こと。
• じどうはんばい機の中でも〔㋑ 九字〕こと。
• 〔㋒ 三字〕で〔㋓ 三字〕を見分けることができること。

㋐ □□□□□□

㋑ □□□□□□□□□

㋒ □□□

㋓ □□□

(5) 具体的な例をあげてわかりやすく説明している段落があります。そのことがわかる言葉を、四字でぬき出して答えなさい。(10点)

□□□□

19 説明文⑤（段落の組み立てを考える）

学習内容とねらい　文章の段落ごとの内容を理解して、その段落が他の段落の何を説明しようとしているのかをつかみ、話題の展開をていねいに読み取るように注意しましょう。

〔　月　日〕

標準クラス

1 次の文章を読んで、あとの問いに答えなさい。（1～5は段落番号です。）

1 スーパーなどの、お店には、一年じゅういつでも、たくさんの牛乳がならんでいますね。牛乳は、牛のおちちをしぼったものです。おちちをしぼる牛は、一年じゅうおちちをだしているのでしょうか。

2 人間のおかあさんは、赤ちゃんがうまれたときに、おちちがでるようになります。赤ちゃんがいないときはでません。牛のおかあさんも、赤ちゃんがうまれると、おちちがでるようになります。赤ちゃん牛が大きくなるまでの十か月間は、赤ちゃん牛に飲ませるための、おちちがでるのです。しかし、牛をかっている＊農家では、赤ちゃん牛がうまれて七日ほどすると、おかあさん牛からはなして、おちちを飲めないようにしてしまいます。

3 そして、赤ちゃん牛が飲むはずのおちちをしぼり、牛乳として、わたしたちのところにくばっているのです。

4 おちちを飲ませてもらえない赤ちゃん牛には、牛乳をもとにつくった、スキムミルクなどがあたえられます。

5 赤ちゃんをうんだおかあさん牛は、二か月もすると、また、おなかに新しい赤ちゃんができます。おかあさん牛は、十か月間、毎日、おちちをしぼられます。ですから、おかあさん牛は、おちちをだしながら、おなかのなかで赤ちゃんをそだてているのです。牛の赤ちゃんがうまれるまでには、二百八十日ほどかかります。

（久道健三「科学　なぜ　どうして　三年生」〈偕成社〉）

＊農家…田畑をたがやして作物を作ったり、かちくをかったりする家。

(1) この文章の話題になる「問いかけ」がある段落の番号を答えなさい。また、その「問いかけ」の文をさがして、本文中からぬき出して答えなさい。

・段落の番号（　　）

•「問いかけ」の文
（　　　　　　　　）

(2) 第一段落では、牛乳とはどのようなものだと説明されていますか。第一段落中の言葉を十二字でぬき出して答えなさい。

(3) 第二段落を、「問いかけ」から考えて二つに分けると、二つ目はどこからになりますか。二つ目のはじめの五字を答えなさい。（、や。も一字とします。）

(4) 第三段落では、牛乳とはどのようなものだと説明されていますか。第三段落中の言葉を十四字でぬき出して答えなさい。

(5) 牛が一年じゅうおちちをだしているように見えるのは、なぜですか。次の〔　　〕にあてはまる言葉を、本文中からそれぞれぬき出して答えなさい。

•赤ちゃんをうんで〔㋐三字〕をだすようになったおかあさん牛が、〔㋑三字〕もすると、また、おなかに〔㋒三字〕赤ちゃんができて、〔㋓五字〕ほどで、次の赤ちゃんをうむから。

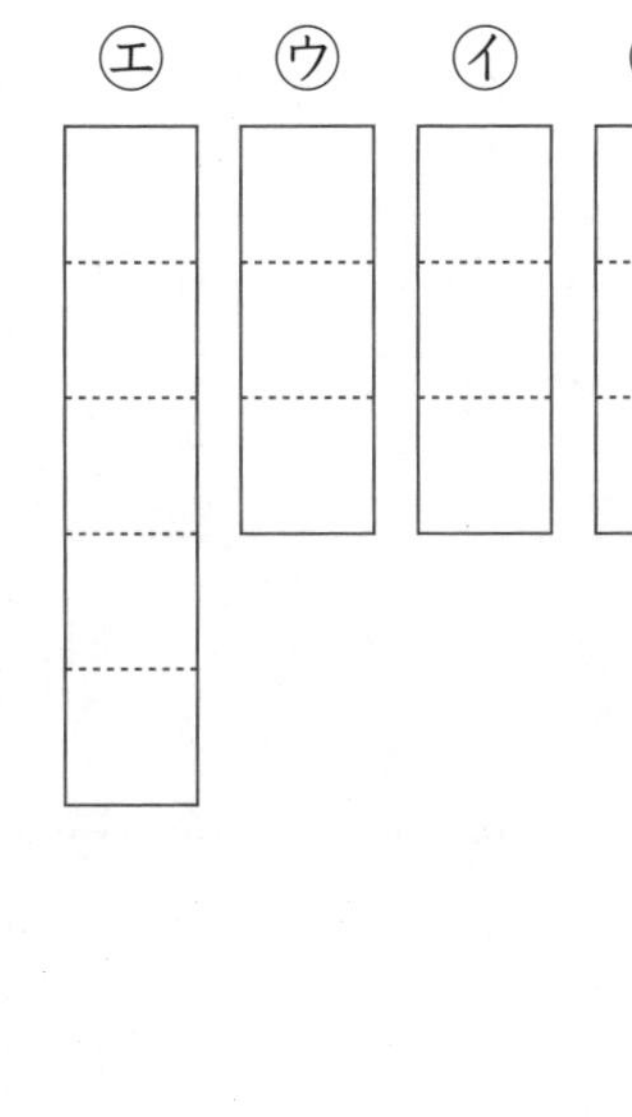

ハイクラス

時間	合かく点	とく点
25分	75点	点

〔　月　日〕

1 次の文章を読んで、あとの問いに答えなさい。

（1〜4は段落番号です。問題の関係で、一部段落を入れかえています。）

1 ＊果実のなかには、＊成熟してかわくと、まるでじゅうのようにタネの＊弾丸を飛ばすものがあります。かわいたさやが＊反り返ったり、ねじれたりする力で、勢いよくタネを飛び出させるのです。飛び出したタネは、＊障害物さえなければ数メートル、ときには数十メートルも先まで飛んでいきます。①<u>そんな果実</u>は動物や風などの助けがなくともタネを自分の力で分散させるのです。飛び出すタネは、よけいな付属物がなく、ころころとした丸い形をしています。多少方向がくるっても、球形であればまっすぐに飛んでいきやすいためです。

2 兄弟姉妹間のはげしい競争で芽生えが共だおれになるのを防ぐこともたいせつです。いちどきに何百、何千、何万ものタネができて、それが親の近くでいっせいに芽生えれば、光や水をめぐる争いはどうしてもはげしいものとなるでしょう。だから、共だおれにならないように、子どもたちをできるだけ散らばらせる必要があるのです。それだけではありません。あちこちにタネが散らばっていれば、どれかが運よく、芽生えの成長に都合のよい条件を備えた「安全な場所」に＊到達するかもしれません。植物も動物と同じく、わが子のすこやかな成長を願い、できるだけのことをしていることにちがいはないのです。

3 それにはいくつかの理由が考えられます。おもな理由のひとつは、植物にとって、親のまわりは危険がいっぱいであることがあげられます。地面に根を張り動くことのできない植物のまわりには、その植物を好んで食べる害虫や病気を起こす病原生物などが集まり、すきあらばこうげきをしかけようとねらっています。体の大きい親は難なくそのこうげきをかわすことができたとしても、小さなタネやか弱い芽生えは、そのえじきになりやすいのです。それどころか、親のかげで芽生えたのでは、光不足で育たないおそれもあります。つまり、親の近くはタネや芽生えにとっては危険地帯なのです。だから植物の親は、わが子を少しでも離れた安全な場所ににがすことに必死になるのです。

4 子を近くにおいて成長を見守るほ乳動物や鳥類など

の動物の親と、タネを少しでも遠くへとはじきとばす植物の親。わが子のあつかいがずいぶんちがっているように見えます。独り立ちするまでえさをあたえ、世話をすれば、子はすこやかに大きく成長することができるはずです。では、②なぜ植物はあえてわが子を自分から遠ざけようとするのでしょうか。わざわざ果実やタネを包む外皮にさまざまな工夫をこらし、わが子に旅立ちを強いるのでしょうか。

（鷲谷いづみ「タネはどこからきたか？」）

＊果実…植物の実。とくに、くだもの。
＊成熟…くだものなどがじゅうぶんに実ること。
＊弾丸…鉄砲や大砲のたま。
＊さや…豆の実を包んでいるもの。
＊障害物…じゃまになるもの。
＊到達…たどりつくこと。

(1) 1～4の段落を正しい文章になるように、ならべかえなさい。番号で答えなさい。(40点)

（　→　→　→　）

(2) ——線①「そんな果実」とありますが、これはどのような果実ですか。もっともよいものを次からえらび、記号で答えなさい。(20点)

ア タネを遠くまで飛ばす果実。
イ 成熟するとかわく果実。
ウ 動物や風などの助けがいらない果実。
エ ころころところがることのできる果実。

（　）

(3) ——線②「なぜ植物はあえてわが子を自分から遠ざけようとするのでしょうか」とありますが、その理由を二つ、次のようにまとめました。〔　〕にあてはまる言葉を、本文中からそれぞれぬき出して答えなさい。(40点・一つ8点)

・植物にとって〔㋐一字〕のまわりには〔㋑二字〕がいっぱいなので、少しでも〔㋒二字〕な場所ににがすため。
・〔㋓四字〕の間のはげしい競争で芽生えが〔㋔四字〕になるのを防ぐため。

㋐ □　㋑ □□　㋒ □□
㋓ □□□□
㋔ □□□□

20 説明文⑥（細部を読み取る）

学習内容とねらい　あるものごとが、どういうことを説明しているのか、何を意味しているのかをとらえていき、文章の読解を深めていきましょう。

（　月　日）

標準クラス

1 次の文章を読んで、あとの問いに答えなさい。

地球の年れいをどうやって調べると思いますか。

これは、むずかしい質問でしょう。地球の誕生から現在まで、しだいに変わってきた「なにか」があれば、それを逆にたどれば、はじめの状態、つまり、地球の年れいがわかることになります。①では、その「なにか」とはどんなものなのでしょう。

この「なにか」として、地球の温度を考えた学者がいました。たとえば、十九世紀にイギリスで活躍したケルビンです。彼は熱や電気について研究した大学者でした。

ケルビンは、はじめ溶けていた地球が、だんだん冷えていって今の地球の温度になるためには何年かかるか、という計算をしたのです。岩が溶ける温度はわかっていますし、いまの地球の表面の温度もわかっていますから、こういった計算ができるのです。人が起き出したベッドのぬくもりから、何時間前に起き出したかを割りだすようなものです。

②ケルビンの計算の結果は、短くて二〇〇〇万年、長ければ四億年というものでした。計算の結果にあいまいさがあるのは、地球から熱がにげていったり、太陽などの地球の外部から熱を受けとったり、また地球のなかでどのように熱が伝わっていくかといったことが、あまり正確にわかっていないせいでした。

いずれにせよたいへんな時間の長さです。これは、同じ温度の湯でも風呂のほうがコップよりも冷めにくいように、地球ほど大きなものは温度が下がるのにたいへんな時間がかかるのです。噴火している火山で、溶けた真っ赤な溶岩を地球科学者が棒の先で採ってくることがありますが、みるみる冷えてしまいます。地球の大きさとは大ちがいなのです。

でも、③この計算結果に疑いをもつ地球科学者も多かったのです。たとえば、化石を研究している科学者から見れば、そのくらいの時間で生物が進化してしまうとは信じられないことだったのです。たしかにケルビンのせっかくの計算は大ハズレでした。④じっさいの地球の年れいは、この計算結果よりもはるかに大きい四十六億年という長さだったのです。

（島村英紀「地球がわかる50話」）

(1) この文章全体の話題を次の形で答えなさい。

・（　　　　）について

(2) ——線①「では、その『なにか』とはどんなものなのでしょう」とありますが、その「なにか」としてどんなものが考えられましたか。

(3) ——線②「ケルビンの計算」について、次のそれぞれの問いに答えなさい。

① ケルビンは、どのような計算をしたのですか。本文中から五十字以内でぬき出して答えなさい。

（　　　　）

② ケルビンが計算してみちびき出した地球の年れいはどのくらいでしたか。本文中から二十字以内でぬき出して答えなさい。

（　　　　）

(4) ——線③「この計算結果に疑いをもつ地球科学者も多かった」とありますが、その理由の一つとしてもっともよいものを次からえらび、記号で答えなさい。

ア 生物が進化するにはあまりにも長すぎると考えたから。

イ 生物が進化するにはあまりにも短すぎると考えたから。

ウ ケルビンの計算がまちがっていると考えたから。

エ 地球ほど大きなものの温度が下がるには、もっとたくさんの時間が必要なはずだから。

（　　）

(5) ——線④「じっさいの地球の年れい」はどのくらいですか。本文中からぬき出して答えなさい。

（　　　　）

時間	合かく点	とく点
25分	75点	点

（　月　日）

1 次の文章を読んで、あとの問いに答えなさい。

大昔の人びとはみな、自分たちがいる場所が宇宙の中心だと考えていました。古代エジプトでは大地は長方形、古代メソポタミアでは海にういていると信じており、そのような宇宙のすがたを想像していただけです。

エジプトとメソポタミアの考えが伝わった古代ギリシアでは、宇宙について、はじめて科学的な研究が進められました。そこで生まれたのが「①天動説」です。わたしたちは宇宙の中心にあって、そのまわりを月や太陽、わく星たちが動いているというアイデアでした。

ところが、天動説では、夜空の星全体とは同じ動きかたをしないわく星の動きを正確に説明するのがむずかしい、ということがわかってきました。そこで、天動説をまったく変えたのがコペルニクスです。中心には太陽があり、そのまわりを地球や月、わく星が回っていると考えることから「②地動説」といいます。

今では、コペルニクスが考えたしくみは、ほんとうの太陽系のすがたとほとんど同じであることがわかっています。

人類は数千年もの間、目で見られる水星、金星、火星、木星、土星だけがわく星だと思っていました。地動説が正しいとわかると、地球もわく星の一つにくわわります。ところが、一七八一年にハーシェルがぐう然に天王星を発見し、わく星がふえたため、③だれもがおどろきました。わく星は六つしかない、と思っていたからです。その後、天王星の外側に海王星があることがルペリエとアダムスによって予想され、一八四六年にガレが見つけました。

続いて、*写真乾板による観測の結果、さらに遠いめい王星が、一九三〇年にトンボーによって発見されました。それからは、わく星といえば「すい・きん・ち・か・もく・どっ・てん・かい・めい」の九つだったのです。

しかし一九九二年以降、めい王星のそばにたくさんの*太陽系外縁天体が見つかりはじめました。二〇〇五年には、めい王星よりも大きいと思われる外縁天体も発見されます。こうして、④世の中がさわがしくなりました。めい王星がわく星とよべるのかどうかが、議論されだしたのです。

ついに、二〇〇六年八月、最新の天文学の研究をもとにして、わく星の決まりが定められます。それによるとわく星は、「すい・きん・ち・か・もく・どっ・てん・かい」の八つになりました。めい王星は、新しいグループの「準わく星」に入ることになったのです。現在、準わく星のメンバーは、めい王星、エリス、小わく星のセレスの三つです。

（布施哲治「なぜ、めい王星は惑星じゃないの？」）

＊写真乾板…写真をとるときに使うガラスの板。
＊太陽系外縁天体…海王星の軌道の外側を回る天体。

(1) ――線①「天動説」、――線②「地動説」とありますが、これらはどのような考え方ですか。「〜という考え方。」につながるようにそれぞれ指定の字数でさがし、はじめと終わりの五字を答えなさい。（20点・一つ10点）

①天動説…（三十八字）

□□□□□〜□□□□□

②地動説…（三十字）

□□□□□〜□□□□□

(2) ――線①「天動説」には、どんな不都合な点がありますか。「〜という点。」につながるように本文中から四十字以内でさがし、はじめと終わりの五字を答えなさい。（20点）

□□□□□〜□□□□□

(3) ――線③「だれもがおどろきました」とありますが、なぜおどろいたのですか。次の〔　〕にあてはまる言葉を、本文中からそれぞれぬき出して答えなさい。（30点・一つ10点）

・〔㋐三字〕は〔㋑一字〕つしかないと思っていたのに、ハーシェルが〔㋒三字〕を発見したことで、わく星がふえたから。

㋐□□□　㋑□　㋒□□□

(4) ――線④「世の中がさわがしくなりました」をわかりやすく言いかえると、どうなりますか。次の〔　〕にあてはまる言葉を、本文中からそれぞれぬき出して答えなさい。（30点・一つ10点）

・〔㋐四字〕が〔㋑三字〕とよべるのかどうかが、〔㋒二字〕されだしたということ。

㋐□□□□　㋑□□□　㋒□□

チャレンジテスト⑥

時間 25分　合かく点 75点　とく点 点　〔 月 日〕

1 次の文章を読んで、あとの問いに答えなさい。

（1〜10は段落番号です。）

1 大陸が動く、そんなことがあるのだろうか。

2 今から約七十年前、アルフレッド＝ウェゲナーというドイツの学者は、世界地図を見ながら①不思議な事実を発見した。アフリカ大陸と南アメリカ大陸とを切りぬいてならべてみた。［A］、ほぼぴったりとくっついてしまうではないか。

3 これは、偶然ではないと思ったかれは、次のような考えを発表した。かつて、アフリカと南アメリカとは、ひと続きの大陸だった。それが、やがて二つに分かれて動き始め、今では何千キロメートルもはなれてしまった。それだけでなく、もともと世界中の大陸は、みな一つにまとまっていたのだが、しだいにはなればなれになっていったのだ。これが、いわゆる「大陸移動説」である。

4 ところが、この大胆な考えに対して、当時多くの学者たちは賛成しなかった。［B］、どんな力が大陸を動かしているのか、はっきりしなかったからである。「大陸移動説」は、単なる空想にすぎないということで、しだいにわすれられていった。

5 しかし、現代になって、地球の観測や研究がさかんになるにつれて、一度見すてられた「大陸移動説」がふたたびよみがえったのである。

6 広大な大西洋の中央部には、長さ一万数千キロメートルにおよぶ海底山脈が、ほぼ南北に走っている。そのいただきを、深い割れ目がたてにつらぬいて続いている。そして、この割れ目の近くではいつも地震が起こっていて、その辺りの海底の温度は、他の場所にくらべてはるかに高い。観測の結果、②このようなことが明らかになってきた。

7 一方、海底をつくっている岩石の調査も進んだ。その結果、どれもみな同じように見える岩石にも、実は年れいがあり、海底山脈に近い岩石はわかく、遠くはなれるにつれてしだいに年をとっているということがわかった。

8 これらの事実は何を物語っているのだろうか。今日では、次のように考えられるようになった。

9 地球の内部から、熱いものの流れが、海底山脈の谷の所にわき上がってきて、新しい海底をつくりだしている。新しく生まれた海底は、左右に広がっていく熱いものの流れに乗って、しだいに山脈からはなれていく。［C］、海底は動いているのだ。一年間に数センチメートルというゆっくりした速度で。アフリカと南アメリカも、元はひと続きだったのが、動き広がる海底に乗って、現在の位置まで動いてきたのである。

［10］おそらく、地球上の大陸は、ウェゲナーが言ったように、［D］にちがいない。まさに、大陸は動いているのである。

（竹内　均「大陸は動いている」）

(1) ［A］～［C］にあてはまる言葉を、それぞれ次からえらび、記号で答えなさい。（18点・一つ6点）

ア そして　イ すると　ウ つまり　エ なぜなら

A（　　）　B（　　）　C（　　）

(2) ――線①「不思議な事実」とありますが、どのようなことが不思議なのですか。「世界地図の」に続く形で、五十字以内で説明しなさい。（8点）

世界地図の（　　）

(3) ――線②「このようなこと」とは、どのようなことですか。それがわかる部分を本文中からさがし、はじめと終わりの五字をそれぞれ答えなさい。（10点）

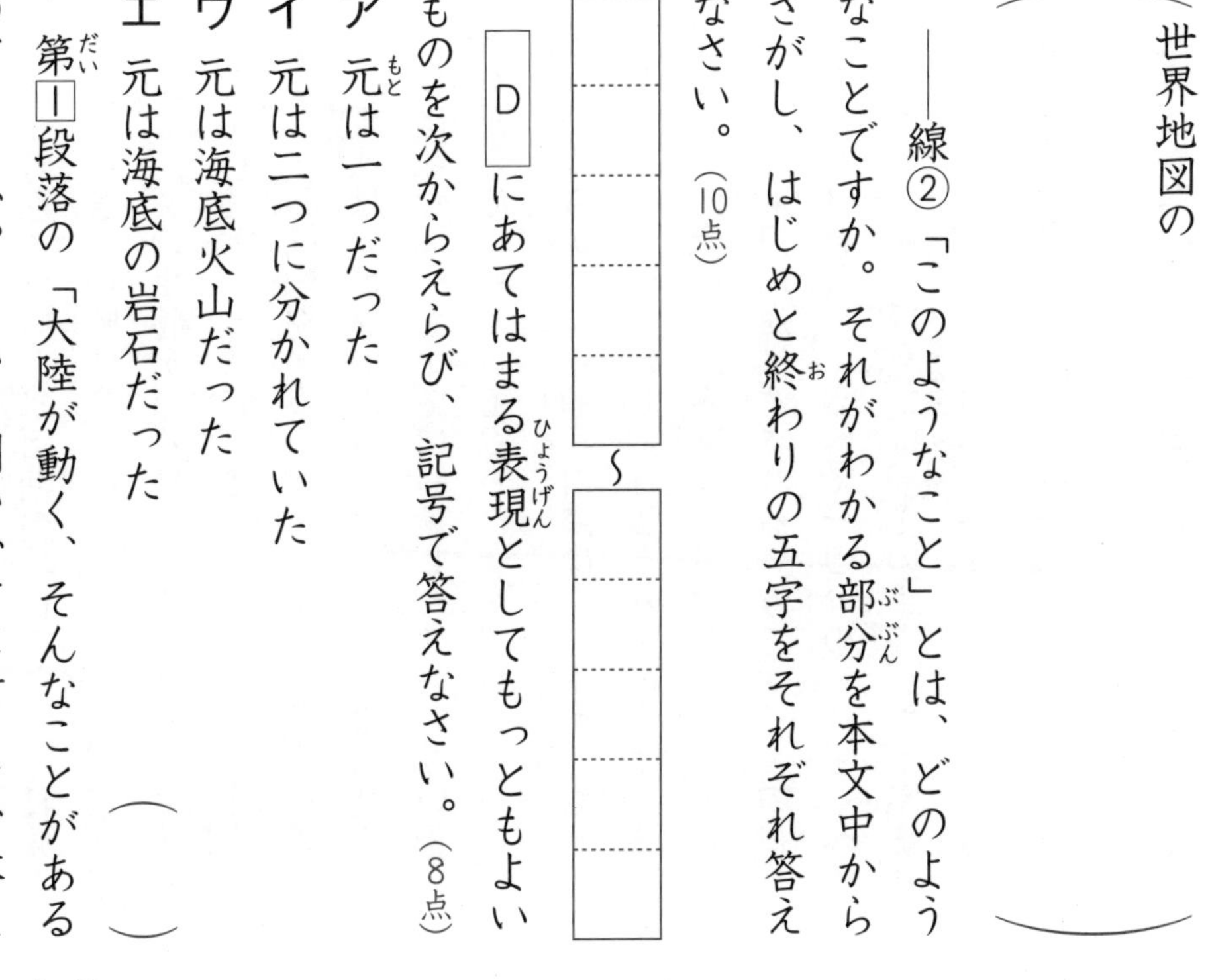

(4) ［D］にあてはまる表現としてもっともよいものを次からえらび、記号で答えなさい。（8点）

ア 元は一つだった
イ 元は二つに分かれていた
ウ 元は海底火山だった
エ 元は海底の岩石だった

（　　）

(5) 第［1］段落の「大陸が動く、そんなことがあるのだろうか。」という問いかけに対して、答えにあたる内容がのべられているのは、［1］～［10］のうちのどの段落ですか。二つえらび、番号で答えなさい。（10点・一つ5点）

（　　）（　　）

2 次の文章を読んで、あとの問いに答えなさい。

（1〜6は段落番号です。）

1 カブトガニは、地球上の「生きている化石」として非常に有名なのですが、いままで大切に扱われてきたとはいえません。むしろ、人類の出現以来かずかずの迫害を受けてきているのです。例をあげれば、日本では昔から漁師の網を破る悪いやつだと*惨殺されてきたし、アメリカなどでも、つい先ごろまで肥料として*乱獲され、将来があやぶまれている状態です。

2 カブトガニは、完全そうびの海底戦車を思わせるかたちをしています。そのうえからだは、海にすむ他の生物にくらべられないほど強くてかたい*キチン質の*甲殻におおわれています。自分の身を外敵から守るのに最適な姿といってよいでしょう。

3 これほど①いかついからだつきをしているカブトガニですが、その性質は柔和です。他の生物と争うことを避け、ひっそりと身をかくしています。このように、一見のんびりしているカブトガニですが、デリケートな神経をもっており、周囲の条件に順応することではバツグンといってよいでしょう。刺激に反応するのがはやく風波の荒れるときは海底にもぐり、好天に恵まれたあたたかいときには、せっせと餌をとり続けています。こうして、周囲の環境に適応して生きぬいています。

4 カブトガニは、地球上にあらわれてから、どんな環境にも耐えぬいて生きてきました。あの生物にとっては大変な時期であった氷河期の時代でさえ、種族をふやすために苦しい戦いを続けてきたのです。氷河期には、ほとんどの生物がほろび、あるいは他の生物へと進化しているというのに、まったくふしぎな生命力とたくましい忍耐力をもっているカブトガニです。

②現代は、カブトガニにとっては、氷河期よりもさらに困難な、いままでに経験したことのない最大の危機を迎えているといえるでしょう。

5 彼らのすみかである瀬戸内海は、いまもなお干拓されており、工場がどんどん建設されています。その結果、ヘドロ、赤潮、工場廃液や汚物などで、美しくあってほしい瀬戸内海は汚される一方です。このため、カブトガニは戦前にくらべて一〇分の一にまでへってしまったのです。現在では、その生存があやぶまれている状態です。カブトガニが生きてゆけないような自然環境は、人間にとってものぞましいものではありません。

6 無情な自然破壊の犠牲者として、地球上から姿を消しつつあるカブトガニ。人間から見れば、*悠久の時間を生き続けてきたカブトガニ。私は、このような現状を目にして、「生きた化石」カブトガニのふしぎな生命力と神秘性を探ってみようと、十数年前からカブトガニの研究と保護に取り組んでいます。それは、せめて彼らの保護者になってやろうと思ったからです。

(土屋圭示「カブトガニの海」一部あらためたところがあります。)

＊惨殺…ひどい殺し方をすること。
＊乱獲…魚やけもの、鳥などをやたらにとること。
＊キチン質…節足動物の外皮や菌類の細胞壁をつくる主成分になっている物質。
＊甲殻…カニやエビなどの体をおおっている甲らや殻のこと。
＊悠久…年月が非常にながいこと。

(1) この文章を三つの大きなまとまり(意味段落)に分けるとすると、その分け方としてもっともよいものは次のどれですか。記号で答えなさい。(10点)

ア 1／2 3 4／5 6
イ 1 2／3 4 5／6
ウ 1 2／3 4／5 6
エ 1 2 3／4／5 6

(　　)

(2) ――線①「いかついからだつき」について、次のそれぞれの問いに答えなさい。(16点・一つ8点)

① これは何にたとえられていますか。1～2段落の中から十字でぬき出して答えなさい。

② この「からだつき」は、どのようなことに役立っていますか。「こと。」につながるように、本文中から十一字でぬき出して答えなさい。

こと。

(3) ② にあてはまる言葉としてもっともよいものを次からえらび、記号で答えなさい。(10点)

ア だから　イ つまり
ウ しかし　エ たとえば

(　　)

(4) カブトガニに対する筆者の考え方がもっともよく表れているのは、1～6の中のどの段落ですか。番号で答えなさい。(10点)

(　　)

21 物語文④（場面に注意して読む）

〔　月　日〕

学習内容とねらい

場面（時間・場所・人物）の変化に注意しながら、いつ・どこで・だれが・なにを・どのように・どうしたのかを読み取ることを心がけてください。

標準クラス

1 次の文章を読んで、あとの問いに答えなさい。

つるが一羽、もがいています。たんぼの真ん中で、ばたばたと苦しそうに、羽を土にうちつけています。きっとけがをしたのでしょう。早くだれか助けてやればいいのに。

よひょうという男がいました。村はずれの一けん家に、よひょうはたった一人で住んでいました。よひょうは正直者。よひょうは子どもと仲がいい。そして、よひょうはだれにも負けない働き者でした。

よひょうはたんぼのわきの道を通りかかったとき、たんぼで苦しそうにもがく一羽のつるを見つけました。それから、かわいそうに思って助けてやりました。それから、家につれて帰り、けががなおるまでかいほうしてやったのです。

それからしばらくした、あるばんのこと…。

「ごめんください。」

「はい、だれだね。」

「あたしを、あなたのおよめさんにしてくださいな。」

そう言いながらよひょうのうちに入ってきたのは、雪の中から出てきたかと思われるように色の白い、ほっそりとした女の人でした。

そのきれいな人は、名まえをつうといいました。つうはやさしくて、よく働く、ほんとにいいおよめさんでした。

今まで一人ぼっちでさびしかったよひょうのくらしは、①急に楽しいしあわせなものに変わりました。

そのうえ、つうは②不思議なわざをもっていました。というのは、つうは、ひとばんのうちにだれも見たことがない美しい布をおりあげることができるのです。夜になってよひょうが寝てしまうと、つうは、とんとんからからと機を織り、そうして、あくる朝にはいつも美しい布が織りあがっているのです。

（木下順二「夕鶴」）

＊機…布を織る道具・機械。

(1) このお話を二つの場面に分けるとすると、どこで分けるのがもっともよいですか。後半のはじめの五字を答えなさい。

□□□□□

(2) 後半の場面に出てくる登場人物の名前をすべてぬき出して答えなさい。

（　　　　）

(3) よひょうのうちへ入ってきた女の人は、どんな人でしたか。その様子がよくわかるところを見つけて、はじめと終わりの五字を答えなさい。

□□□□□〜□□□□□

(4) ――線①「急に楽しいしあわせなものに変わりました」とありますが、それはなぜですか。もっともよいものを次からえらび、記号で答えなさい。

ア 今まで一人ぼっちでさびしかったが、一気に家族がたくさんふえてにぎやかになったから。

イ 今までは村はずれの一けん家に住んでいたが、大きなお屋敷に住めるようになったから。

ウ 今まで一人ぼっちでさびしかったが、やさしくてお金持ちのおよめさんとくらせるようになったから。

エ 今まで一人ぼっちでさびしかったが、やさしくて働き者のおよめさんとくらせるようになったから。

（　　）

(5) ――線②「不思議なわざ」とはどのようなものですか。本文中の言葉を使って答えなさい。

（　　　　）

(6) このお話は、ある昔話にもとづいて作られたものです。その昔話は何ですか。次の（　）にあてはまる言葉を本文中からぬき出して答えなさい。

（　　　　）の恩返し

ハイクラス

〔　月　日〕

時間	合かく点	とく点
25分	75点	点

1 次の文章を読んで、あとの問いに答えなさい。

家に黒いお化けのようなアップライト・ピアノ*がとどいた！ わたしはそれが来ることを知っていたが、なぜ来るかは知らなかったし、うかつ*にも自分に関係があるとは思っていなかったのだ。

新品のそいつは、つやつやとよく光り、さわると指のあとがのこる。それは、①なんともうれしい、ゾックリさせられるしゅんかんだった。わたしはクッキーのバターがしみこんだ手で、ピアノにべたべたともようをつけて遊び、②母のお目玉をくらった。

「ピアノがおこるわよ！」

当時、小学校に入りたてのわたしには、その言葉がやけにずしんときたものだ。わたしはピアノをおそれていた。なにしろ大きすぎる。せもたれのない丸いすにこしかけ、ピアノに向かうと自分が世界中で一番チビのような気持ちにさせられるのだ。

重たいふたをのしっとあげる。きょ大な 歯の ような③真っ白いけんばんがずらずらとどこまでもつづいていく。ピアノはその大きな歯をむいてにににににに、キキキキキとわらう。わたしがキー*をたたくと、たしかにそんな音がした。

ピアノの黒は悪い黒だ。やみ夜の色、ごきぶりの色。頭をキンとさせるようなにおいがする。

わたしはすぐにピアノがきらいだとわかった。そして毎日それをひかされることが決まるとピアノは、かつて*ない手ごわい［　④　］になった。

わたしは母にうったえた。

「なんで、あたしだけなの？ 進はやらなくていいの？」

「男の子はピアノを習わないものなの」

わたしの通っていたピアノ教室には、ちゃんと男の子がいた。だが、母にそのことを説明してもむだだった。

一つちがいの⑤弟の進は、自分の幸運に気づきもせず、それが、いよいよわたしをむっとさせた。

（佐藤多佳子「サマータイム」）

＊アップライト・ピアノ…弦を垂直に張ったピアノ。
＊うかつ…うっかりして気づかないこと。
＊キー…けんばんのこと。
＊かつてない…今までにない。

(1) ——線①「なんともうれしい、ゾックリさせられるしゅんかん」とは、何に、どうしたしゅんかんですか。次の〔　〕にあてはまる言葉を、本文中からそれぞれぬき出して答えなさい。(30点・一つ10点)

・〔㋐四字〕とよく光る新品の〔㋑三字〕にさわると、〔㋒四字〕がのこるしゅんかん。

㋐ □□□□

㋑ □□□

㋒ □□□□

(2) ——線②「母のお目玉をくらった」とはどういうことですか。もっともよいものを次からえらび、記号(きごう)で答えなさい。(15点)

ア 母にひどくわらわれた。
イ 母にとてもおどろかれた。
ウ 母にひどくしかられた。

(　　)

(3) ——線③「真っ白いけんばん」は、何にたとえられていますか。本文中から五字ちょうどの言葉をぬき出して答えなさい。(20点)

□□□□□

(4) ④にあてはまる言葉としてもっともよいものを次からえらび、記号で答えなさい。(15点)

ア ともだち　イ てき　ウ みかた

(　　)

(5) ——線⑤「弟の進は、自分の幸運に気づきもせず」とありますが、進にとってどんなことが「幸運」なのですか。次の〔　〕にあてはまる言葉を本文中からそれぞれぬき出して答えなさい。(20点・一つ10点)

・〔㋐三字〕だからといって、〔㋑三字〕を習わなくてもよいこと。

㋐ □□□

㋑ □□□

22 物語文⑤（気持ちの変化を読み取る）

〔　月　日〕

学習内容とねらい　どのような出来事から、登場人物の行動や気持ちが変化したか、原因(理由・目的)と結果(行動・気持ち)を明らかにしていくことを意識しましょう。

標準クラス

1 次の文章を読んで、あとの問いに答えなさい。

権太が言った。

「あんなぁ耕ちゃん。父ちゃんが言ってるよ。しかられても、しかられなくても、やらなきゃあならんことはやるもんだって」

「しかられても、しかられなくても……うん、そうか、わかった」

今度は権太の言葉が、耕作の胸にすぽっとはまりこんだ。

（そうか。先生にしかられても、自分で正しいと思ったことは、したほうがいいんだな）

①権太の言葉を納得したとたん、耕作はがんとほおをなぐられた思いがした。

耕作は小さい時から、いつも人にほめられてきた。家の者にも、近所の者にも、学校の先生にもほめられてきた。

「耕作は利口もんだ」

「耕ちゃんを見れ、行儀がいいこと」

「耕作はえらくなるぞ」

いつもそう言われつづけてきた。字も絵もほめられた。雑記帳の使い方も、朗読も、ほめられた。いつの間にか、耕作の心の中には、②よりほめられたい思いが渦巻くようになった。ほめられたいと思うことは、また、しかられまいとすることであり、誰にも指をさされまいとすることでもあった。しかられるということは、いつもほめられている耕作には、耐えがたい恥ずかしさであった。それが今、権太に言われて、はじめて自分のどこかがまちがっていることに気がついたのだ。

「したら権ちゃん、先生にしかられても、わりあい平気なんだね」

「平気じゃないけどさ。泣いたことだってあるけどさ。だけど、先生にしかられるからと言って、母ちゃんの手伝いをしないで、学校に走って来たりはしないよ」

「③えらいなあ」

耕作は内心恥ずかしかった。権太は先生にいくらしかられても、毎日遅れてくる。母親の肥立ちの悪いのはわかっているが、何とか遅れない工夫はないのかと、耕作は内心思うこともあった。しかる先生が無理だとは思いながらも、そう思うことがあった。だが、権太は、学校に遅れるよりも、病気の母親をいたわらないほうが、悪いことだとはっきり確信しているのだ。

（三浦綾子「泥流地帯」一部あらためたところがあります。）

＊肥立ち…病気がよくなり、もとの体に回復していくこと。

(1) ――線①「権太の言葉を納得した」とありますが、これは具体的にはどういうことですか。次の〔　〕にあてはまる言葉を、本文中からそれぞれぬき出して答えなさい。

・権太の言葉から、先生に〔 ㋐ 四字 〕ても、〔 ㋑ 六字 〕と思ったことはしたほうがいいということが、心からわかったということ。

㋐

㋑

(2) ――線②「よりほめられたい思い」とありますが、その耕作の思いは、権太の言葉で、どのように変わりましたか。そのことがよくわかる一文をさがし、はじめの四字をぬき出して答えなさい。

(3) ――線③「えらいなあ」とありますが、権太のどのようなところに対して言ったのですか。もっともよいものを次からえらび、記号で答えなさい。

ア 先生にいくらしかられても、毎日遅れてくるところ。
イ 学校に遅れても、病気の母親をいたわることのほうが大切だと確信しているところ。
ウ 先生にしかられても平気でいられるところ。
エ 母親の手伝いをしながらも、なんとか遅れないように工夫しているところ。

（　　）

(4) この場面の耕作の気持ちの変化としてもっともよいものを次からえらび、記号で答えなさい。

ア 納得→ショック→恥ずかしい
イ 理解→恥ずかしい→ショック
ウ 不信→ショック→納得→平気

（　　）

ハイクラス

時間 25分　合かく点 75点　とく点　点

（　月　日）

1 次の文章を読んで、あとの問いに答えなさい。

かぶと虫を持った①小さい太郎は、こんどは細い坂道をのぼって、大きい通りの方へ出ていきました。

車大工さんの家は、大きい通りにそってありました。そこの家の安雄さんは、もう青年学校にいっているような大きい人です。けれど、いつも、小さい太郎たちのよい友だちでした。じんとりをするときでも、かくれんぼをするときでも、いっしょに遊ぶのです。安雄さんは小さい友だちから、特別に尊敬されていました。それは、どんな木の葉、草の葉でも、安雄さんの手でくるくるとまかれ、安雄さんがくちびるにあてると、ピイと鳴らすことができたからです。また安雄さんは、どんなつまらないものでも、ちょっと細工をして、おもしろいおもちゃにすることができたからです。

車大工さんの家に近づくにつれて、小さい太郎の胸は、わくわくしてきました。安雄さんがかぶと虫でどんなおもしろいことを考え出してくれるかと、思ったからです。

ちょうど、小さい太郎のあごのところまである格子に、首だけのせて、仕事場の中をのぞくと、安雄さんはおりました。おじさんと二人で、仕事場のすみの砥石で、かんなの刃をといでいました。よく見ると今日は、ちゃんと仕事着を着て、黒い前だれをかけています。

「そういうふうに力を入れるんじゃねえといったら、わからんやつだな。」

と、おじさんがぶつくさ言いました。安雄さんは、刃のとぎ方をおじさんに教わっているらしいのです。顔をまっかにして一生けんめいにやっています。それで、小さい太郎の方を、いつまで待っても見てくれません。とうとう、小さい太郎はしびれをきらして、

「安さん、安さん。」

と、小さい声でよびました。安雄さんにだけ聞こえればよかったのです。

[A]、こんなせまいところでは、そういうわけにはいきません。おじさんが聞きとがめました。おじさんは、いつもは子どもにむだ口なんかきいてくれるいい人ですが、今日は、何かほかのことで腹を立てていたとみえて、太いまゆねをぴくぴくと動かしながら、

「うちの安雄はな、もう、今日から、②一人前のおとなになったでな、子どもとは遊ばんでな、子どもは子どもと遊ぶがええぞや。」

と、つっぱなすようにいいました。

B、③安雄さんが、小さい太郎の方を見て、しかたがないように、かすかにわらいました。そしてまたすぐ、自分の手先に熱心な目を向けました。

虫が枝から落ちるように、力なく、小さい太郎は格子からはなれました。

そして、ぶらぶらと歩いていきました。

（新美南吉「かぶと虫」）

＊青年学校…戦前、小学校卒の働く青少年を教育した学校。
＊格子…間をすかして細い角材をたてよこに組んだ窓の建具。
＊砥石…刃物をとぐ石。

(1) A・Bにあてはまる言葉としてもっともよいものを次からえらび、記号で答えなさい。（40点・一つ20点）

ア だから　イ すると　ウ しかし

A（　　）B（　　）

(2) ——線①「小さい太郎は……出ていきました」とありますが、そうやって太郎は、なぜ安雄さんに会いに行ったのですか。次の〔　〕にあてはまる言葉を、本文中からそれぞれぬき出して答えなさい。（20点・一つ10点）

・安雄さんに、〔㋐四字〕で〔㋑五字〕ことを考え出してもらおうと思ったから。

㋐

㋑

(3) ——線②「一人前のおとなになった」とは、どのような意味ですか。もっともよいものを次からえらび、記号で答えなさい。（20点）

ア 一人前の車大工になった。
イ 青年学校を卒業した。
ウ 本格的に車大工の修業が始まった。

（　　）

(4) ——線③「安雄さんが……目を向けました」とありますが、このときの安雄さんの太郎に対する気持ちとしてもっともよいものを次からえらび、記号で答えなさい。（20点）

ア 本当は遊んでやりたいが、相手をしてやることができずに申しわけなく思う気持ち。
イ いつもしつこくあまえてくる太郎に対して、もう顔も見たくないと思う気持ち。
ウ 本当は自分も遊びたいが、おじさんに見つかるとやっかいなのでしかたないと思う気持ち。

（　　）

23 物語文⑥（たとえをとらえる）

学習内容とねらい

あるものごとを別のものに置き換えることによって、わかりやすく、効果的に説明するのがたとえです。そのたとえをつかんでいく練習をします。

〔　月　日〕

標準クラス

1 次の文章を読んで、あとの問いに答えなさい。

「いた、いた、痛いよハル」

私は指によほどの力をこめていたらしい。力を抜くかわり、両腕でおとうさんの腕をつかむ。

「なんだろあれ、ろうそくかな、だれかが火を灯していったのかな」

声はうわずっているのに、おとうさんは引きかえさずじりじりとそちらに近づいていく。戻ろう、いっちゃだめだと、①いくども言おうと口を開けたが声はでず、私はただ口をぱくぱくと動かしていた。

一足、一足、つきあたりのお墓に近づく。頭の上で②葉っぱが笑う。今日の夕方、私たちがたどりつくより先にだれかがきて、お花を活けて、ろうそくに火をつけていったにちがいない。そうにちがいない。でもどうしてその火がまだついているの？　風だって吹いているのに？　それにろうそくの火はあんなにちらちらと動くものだっけ？

いやいや、きっとものすごく長いろうそくなんだ、何時間でも消えないような。それにこんなにゆっくりした風がろうそくの火を吹き消せるわけがないじゃないか。一人、自問自答をくりかえしながら、おとうさんに引きずられるように先に進んだ。全身に鳥肌がたち、やわらかい風がぎらぎらと感じられた。

「ハル」

おとうさんが小さな声でささやく。

「ろうそくじゃない」

お墓の数メートル前まで近づいたおとうさんがそう言ったとき、思わずおしっこをちびりそうになったが、おとうさんの背中につぶれるほど顔を押しつけてぐっとこらえた。

「ほたるだよ」

おとうさんの声は背中からじかにきこえた。私は顔をはなし、そっとおとうさんの脇腹から顔をだした。

私は③その生き物をはじめて見た。それは、一番奥の、田中家のお墓にではなく、お墓のわきに植えてある背の低い木に数匹とまっているのだった。ぼうっと、私の小指の先より小さな、青いような白いような光がふくらみ、数秒してふっと消える。

そのすぐそばでまたぼうっと明かりが灯り、しばらくして吸いこまれるように消える。

私とおとうさんは息を殺して④その不思議な明かりを見つめた。あちらで灯り、こちらで灯り、ほのかな明かりはたえまなく続く。その静かな弱い明かりはあたりの音すべてを吸いこんで、点滅をくりかえしている。

音の消えたクリスマスみたいだった。この世ではないお祝いごとみたいだった。（角田光代「キッドナップ・ツアー」）

(1) ――線①「いくども言おうと……口をぱくぱくと動かしていた」とありますが、ここからハルのどんな気持ちがわかりますか。もっともよいものを次からえらび、記号で答えなさい。

ア おとうさんに早くたどりついてもらいたい、というもどかしい気持ち。

イ おとうさんに早く戻ってきてほしい、と切なくなる気持ち。

ウ おとうさんに声をかけたいのに、その声が出ないほどこわい気持ち。

（　　）

(2) ――線②「葉っぱが笑う」はたとえの表現ですが、具体的にはどのようなことを表していますか。考えて三十字以内で答えなさい。（、や。も一字とします。）

（　　）

(3) ――線③「その生き物」とは何のことですか。本文中から五字以内でぬき出して答えなさい。

（　　）

(4) ――線④「その不思議な明かり」が点滅する様子をくわしく表している文を二つ見つけ、それぞれはじめの五字をぬき出して答えなさい。

□□□□□・□□□□□

(5) また、「不思議な明かり」が点滅をくりかえす様子を、何かにたとえているところを二つ見つけ、本文中から㋐十字と、㋑十二字でぬき出して答えなさい。

㋐（　　）

㋑（　　）

ハイクラス

時間	合かく点	とく点
25分	75点	点

〔　月　日〕

1 次の文章を読んで、あとの問いに答えなさい。

①父さんが歌い終わったとたん、どっとはく手がおこった。父さんは照れくさそうに頭をかく。

「いやあ、歌詞をずいぶんわすれてるなあ。少し練習して、つぎのキャンプのときには、ばっちり歌えるようにしとかないといかん」

「練習するのは、歌だけじゃないでしょ。テントのはり方も練習したほうがいいわね」

②母さんのことばに、父さんもごく素直にうなずいた。

「まったくだ。一ぺん家の庭ではってみるべきだった」

「あたしも水かげん、だれかに教えてもらいましょう」

どうやら、父さんも母さんも、またキャンプに出かける気になったらしい。そのとき、ふとぼくは思い出した。

「父さん、ヤマメつれなかったね」

「お、そういえば、ヤマメをつって、晩ごはんにするんだったなあ、すっかり忘れてた。よし、あしたの朝、早起きして、つりをするか」

「うん、朝ごはんに間に合うようにね」

「あしたの朝も、おこげのごはん？」

ユミが、ちらりと母さんを見た。

「あしたの朝は、ラーメンかパンにしましょう」

母さんのことばに、ぼくはほっとした。

「さあ、もう九時すぎたな。そろそろ、テントに入るか」

父さんが、大きくせのびをしたときだった。ユミが、かん高い声をあげた。

「見て、見て、お化け……」

ユミの指さす方をふりむいたとたん、一郎もいっしゅんぎくりとした。見あげるばかりの、③大きな黒いかげがうごめいているのだ。

それが、自分自身のかげぼうしだということに気がつくまで、ちょっと時間がかかった。

いつのまにか、あたり一面、白いきりがたちこめている。そのきりのスクリーン*にたき火のあかりでできたかげがうつっていたのだ。

「なんだか、こわいみたい。このあたり、まさか、クマなんか出ないでしょうね」

母さんが、あたりを見まわす。

「さあな、いるかもしれんぞ」

父さんは、わらいながら立ちあがると、大入道*にむか

って両手をあげた。そして、

「ウォーッ」

と、ひと声ほえた。大入道も両手をあげる。

ぼくもユミも、父さんのまねをして、自分のかげぼうしに大声でさけぶ。

「さあ、もう寝ましょうよ。少し寒くなったわ」

母さんが、カーディガンのえりをかきあわせた。


（那須正幹「ぼくんち、キャンプ特訓中！」）

＊スクリーン…映画などをうつす幕。　＊大入道…ぼうず頭の化け物。

(1) ——線①「父さん」は、次のキャンプまでに何を練習しておこうと思いましたか。本文中から二つ、一字と七字でそれぞれぬき出して答えなさい。（30点・一つ15点）

(2) ——線②「母さん」は、この日どんな失敗をしたと考えられますか。本文中の言葉を使って二十五字以内で答えなさい。（20点）

（　　　　）

(3) ——線③「大きな黒いかげ」について、次のそれぞれの問いに答えなさい。（30点・一つ15点）

① 実際には何でしたか。本文中から十字以内でぬき出して答えなさい。

（　　　　）

② 何にたとえていますか。本文中から五字以内でぬき出して答えなさい。

（　　　　）

(4) この場面には、家族のどんな様子がえがかれていますか。もっともよいものを次からえらび、記号で答えなさい。（20点）

ア 心から楽しんでいる子どもたちと、それに付き合いながらやさしく見守る両親のがまん強い様子。
イ 慣れないのでうまくいかないこともあるが、家族全員が楽しんでいる様子。
ウ 慣れないのでうまくいかないことが多いうえに、不気味な夜のふんいきになじめず、落ち着かない様子。
エ 慣れていないため、うまくいかないことばかりで、全員がつかれてしまった様子。

（　　）

チャレンジテスト⑦

時間 40分　合かく点 75点　とく点　点

（　月　日）

1 次(つぎ)の文章(ぶんしょう)を読んで、あとの問(と)いに答えなさい。

「おまえんとこの村に、タヌキがすんでいるんだって？」

①町の子どもにきかれた洋介(ようすけ)は、あわてて首*をふった。

和夫(かずお)も守(まもる)もきかれたという。

「どうしてわかったんだろう？」

三人は帰りのバスの中で話しあった。

「おれ、しゃべらないからな」

守がいった。

「②ぼく……ううん、おれも」

洋介も、あわてて首をふった。

「おれたち、電気つけてたとこ、だれかに見られたのかな」

三人はとりあえず*、校庭(こうてい)に行ってみることにした。

③坂(さか)をいっきにのぼりつめた三人は、「あれっ！」と、同時に声を出した。

まだ明るい陽(ひ)ざしの中の校庭を、あいつらがモゾモゾ動(うご)きまわっている。

「まずいっ！　あれじゃあ、見つかるのあたりまえだ。あなへ追いこもう」

「よしっ！」

いっせいに校庭にかけこんでいった三人を、あいつらは、ぴくんとなって見あげてから、あわててあなの中にかけこんでいった。

「ふうっ……」

大きく息(いき)をはいた洋介は、足もとのへんなものに気がついてしゃがみこんだ。

「なに、これ？」

和夫も守も、いっしょになってのぞきこんだ。

「パンじゃないか！　パンのくず！」

三人は、はっとなって顔を見あわせた。

「だれか、えさをやったんだ！」

あたりをたしかめると、ごはんのこびりついた新聞紙も見つかった。

④トリの骨(ほね)や魚の頭も……。

「どうする？」

答えは見つからない。

三人は、じいちゃんに相談(そうだん)することにした。

（鈴木昭二(すずきしょうじ)「帰れ、深(ふか)い森の中へ」）

＊首をふった…ちがうよ、というときの動作。
＊とりあえず…何はさておき。まず。

(1) ――線①「町の子どもにきかれた洋介は、あわてて首をふった」とありますが、このようにしたのはなぜですか。もっともよいものを次からえらび、記号で答えなさい。(10点)

ア タヌキを自分たちだけでかわいがって育てたかったから。
イ タヌキを見たがる町の子どもたちに対して心をゆるしていないから。
ウ タヌキをなるべく人目につかないようにすごさせてやりたかったから。

（　　）

(2) ――線②「ぼく……ううん、おれも」とありますが、このときの洋介の心の動きとしてもっともよいものを次からえらび、記号で答えなさい。(10点)

ア 和夫と守に意見を合わせてうまくやっていこうと、二人の出方を見ている。
イ ひよわに思われる言い方をあらため、強さを見せようと気持ちをひきしめている。
ウ 友だちと決めたことを守ろうと、自分に言い聞かせている。

（　　）

(3) ――線③「坂をいっきに……声を出した」のはなぜですか。次の（　）にあてはまる言葉を、本文中からそれぞれぬき出して答えなさい。(10点・一つ5点)

・まだ明るい校庭の中を、（㋐三字）たちが（㋑九字）ていたから。

㋐ □□□

㋑ □□□□□□□□□

(4) ――線④「トリの骨や魚の頭も……。」とありますが、「……」の部分に省略されている言葉を、本文中から五字でぬき出して答えなさい。(10点)

□□□□□

2 次の文章を読んで、あとの問いに答えなさい。

ほんの少し昔、海の見える丘に小さな村がありました。村の人は、ほとんど漁師で、毎朝早くから海に出てさかなを取ってくらしていました。そのあたりの海には、さかながいくらでもいるらしく、いくら取っても取っても、また、いくらでも取れました。だからといって、村の人たちが［A］くらせるというわけではありません。いくら取っても取ってもみんな殿様に取り上げられてしまい、ほんの［B］しはらってもらえるだけでしたから。ですから、村の人はさかなも食べられない。ほんのときたま、殿様の家来たちが見落としたさかなを拾って［C］食べることができるぐらいでした。

①さっちゃんは、そんな村のすみっこにあるちっぽけな家に、ばあちゃんとふたりでくらしていました。さっちゃんは七つ。目のこぼれるくらい大きなやせっぽちの女の子です。それが、大きな目をもっと大きく見開いて、毎日浜辺を歩きます。もしかすると小さなおさかなくらい落ちているかもしれないわ……。

ある日のこと、さっちゃんがいつものように浜辺を歩いていると、夕日に［D］光るものがありました。急いで走っていって見ると、銀色の小さなさかなです。

「まあ、きれいやこと。」

さっちゃんは大喜びでそのさかなを拾って帰りました。見れば見るほど美しい。これではとても食べることなんてできません。②さっちゃんは裏庭にあなをほって、ていねいにうめてやりました。

さて、あくる朝、さっちゃんが裏庭に出てみると、ちょうどさかなをうめた所に、③小さな青い花がさいていました。見たこともない花ですが、そのきれいなこと。青空のしずくが花になったような青さです。

「まあ、きれいやこと。」

さっちゃんは大喜びで、その花に水をやりました。そして昼ふっと見ると花は二本になっていました。夕方になると四本、あくる朝は八本……。青い小さな花はすばらしい勢いでふえ始めました。

（今江祥智「花はどこへ行った」）

(1) この文章を四つの場面に分けるとすると、どこで分けるのがもっともよいですか。それぞれはじめの五字をぬき出して答えなさい。（、や。も一字とします。）(12点・一つ4点)

- 一つ目…ほんの少し
- 二つ目…［　　　　　］

・三つ目…

・四つ目…

(2) [A]～[D]にあてはまる言葉を次からえらび、それぞれ記号で答えなさい。同じ言葉はくり返して使えません。(12点・一つ3点)

ア ちょっぴり　イ きらりと
ウ こっそり　エ ゆったり

A(　　) B(　　) C(　　) D(　　)

(3) ――線①「さっちゃん」についてのべた次のア～オのうち、本文の内容と合っているものには○を、ちがうものには×をつけなさい。(15点・一つ3点)

ア(　　)村の真ん中にあるちっぽけな家に住んでいる。

イ(　　)ばあちゃんとふたりぐらしである。

ウ(　　)目が大きくてやせている。

エ(　　)七つの道具をもって、毎日浜辺を歩いている。

オ(　　)浜辺を歩くのがとてもすきである。

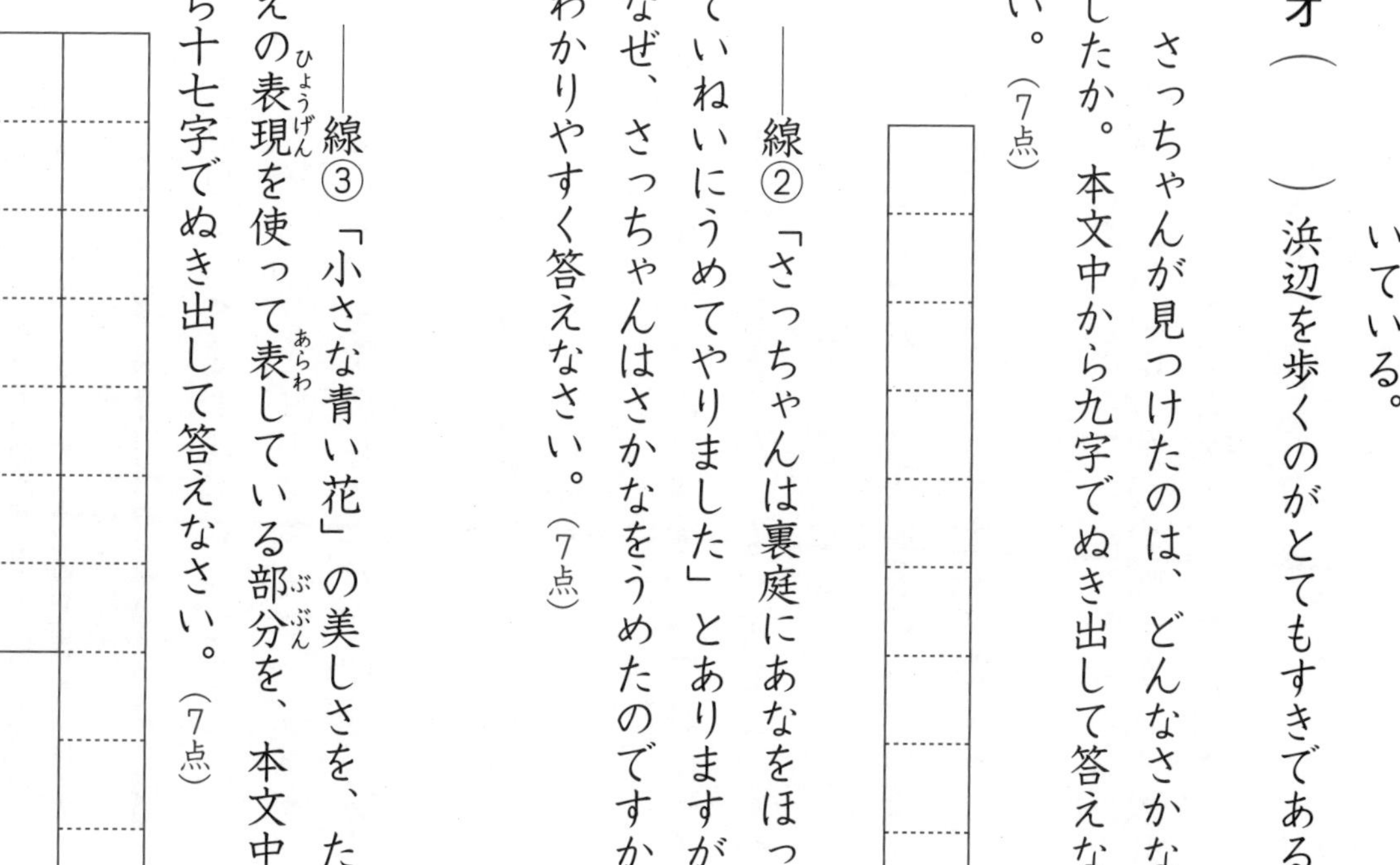

(4) さっちゃんが見つけたのは、どんなさかなでしたか。本文中から九字でぬき出して答えなさい。(7点)

(5) ――線②「さっちゃんは裏庭にあなをほって、ていねいにうめてやりました」とありますが、なぜ、さっちゃんはさかなをうめたのですか。わかりやすく答えなさい。(7点)

(　　　　)

(6) ――線③「小さな青い花」の美しさを、たとえの表現を使って表している部分を、本文中から十七字でぬき出して答えなさい。(7点)

24 詩・俳句を読む

学習内容とねらい

詩と俳句、それぞれの形式や表現に慣れるようにします。そして、描かれている情景や季節感、作者の感動の中心をとらえるようにしてください。

〔　月　日〕

標準クラス

1 次の詩を読んで、あとの問いに答えなさい。

風　　　　新美南吉

風は煙を　とってゆく。
ふとい汽船の煙突から。

風は口笛　とってゆく。
後甲板の水夫から。

風は帽子を　とってゆく。
＊ブリッジの上の船長から。

風は旗をば　とってゆく。
とがった高いマストから。

＊ブリッジ…船でさしずする高い所。

(1) この詩は四つのまとまりからできています。その一つ一つのまとまりを何といいますか。もっともよいものを次からえらび、記号で答えなさい。

ア 文　イ 文章　ウ 連　エ 段落

（　　）

(2) ――線「帽子」とありますが、これは何を表していると思われますか。もっともよいものを次からえらび、記号で答えなさい。

ア 船長のおしゃれ　イ 船長のりっぱさ
ウ 船長のやさしさ　エ 船長の悲しみ

（　　）

(3) この詩の「風」は、強弱の順番が読み取れます。あとにいくほど「強い」ですか、それとも「弱い」ですか。

（　　）

2 次の俳句の季節を答えなさい。

① 名月や　池をめぐりて　夜もすがら　松尾芭蕉
② こがらしや　海に夕日を　ふき落とす　夏目漱石
③ やせ蛙　まけるな一茶　これにあり　小林一茶
④ 五月雨を　集めてはやし　最上川　松尾芭蕉
⑤ 梅一輪　一輪ほどの　あたたかさ　服部嵐雪
⑥ 遠山に　日のあたりたる　枯野かな　高浜虚子
⑦ うれひつつ　岡にのぼれば　花いばら　与謝蕪村
⑧ 柿くへば　鐘が鳴るなり　法隆寺　正岡子規
⑨ ゆさゆさと　大枝ゆるる　桜かな　村上鬼城
⑩ しづかさや　岩にしみ入る　蟬の声　松尾芭蕉

＊夜もすがら…夜の間じゅう、ずっと。
＊こがらし…秋の末から冬にかけてふく強い風。
＊五月雨…六月ごろにふり続く長雨。つゆ。

①（　　）②（　　）③（　　）④（　　）
⑤（　　）⑥（　　）⑦（　　）⑧（　　）
⑨（　　）⑩（　　）

3 次の俳句と鑑賞文を読んで、あとの問いに答えなさい。

万緑の　中や吾子の歯　生え初むる　中村草田男

草木の葉、すべてが［①］に染まる［②］。この命みなぎる季節に、私のいとしい子どもにも［③］くて小さい歯が生え初めたと喜ぶ［④］の笑顔が広がる。自然の力と、子どもの成長。［⑤］の対比。情景が読み手の前に鮮やかに浮かぶ一句である。

＊万緑…一面に緑色であること。

(1) ［①］〜［⑤］にあてはまる言葉を次からえらび、それぞれ記号で答えなさい。

ア 赤　イ 白　ウ 緑　エ 春　オ 夏
カ 秋　キ 子　ク 親　ケ 色　コ 年

①（　　）②（　　）③（　　）
④（　　）⑤（　　）

ハイクラス

1 次(つぎ)の詩(し)を読んで、あとの問(と)いに答えなさい。

たこ

北原宗積(きたはらむねかず)

手にさげていたときは
おとなしかったが
たこよ
空にのぼるにつれて
えらくいばるじゃないか

ぼくを　みおろし
町を　みおろし
もう　おりたくない、と
ふんぞりかえる

北風にあおられて
目をさましたのか
このまま　空のたびにでるんだ、と
しきりに
ぼくの手をひっぱる

(1) ――線「えらくいばるじゃないか」の「いばる」とは、「たこ」のどんな様子(ようす)を表(あらわ)していますか。(10点)

（　　　　　　　　　　　　　　　　）

(2) 第(だい)二連(れん)と第三連の「たこ」の様子を説明(せつめい)したものとして、もっともよいものをそれぞれ次からえらび、記号(きごう)で答えなさい。(20点・一つ10点)

ア 強風にとらわれて、上空にひっぱられる様子。
イ 風をはらませ、上空でとどまっている様子。
ウ 風をとらえて、舞(ま)い上(あ)がっていく様子。
エ 強風にあおられて、落(お)ちていく様子。

・第二連…（　　）
・第三連…（　　）

時間 25分　合かく点 75点　とく点 　点　（　月　日）

2 次の俳句を読んで、あとの問いに答えなさい。

① 咳の子の　なぞなぞあそび　きりもなや　　中村汀女

② 赤とんぼ　筑波に雲も　なかりけり　　正岡子規

③ ひっぱれる　糸まっすぐや　甲虫　　高野素十

④ 菜の花や　月は東に　日は西に　　与謝蕪村

＊きりもなや…きりがないよ。際限がないよ。

＊筑波…茨城県にある筑波山。

(1) ①～③の俳句の季語（季節を表す言葉）とその季節を答えなさい。（30点・一つ5点）

① 季語（　　　）　季節（　　）

② 季語（　　　）　季節（　　）

③ 季語（　　　）　季節（　　）

(2) ①～④の俳句の中から、子どものすきな小動物の必死な姿、はりつめた様子が感じられる句を一つえらび、番号で答えなさい。（10点）

（　　）

(3) ①の俳句は、どんな様子をよんでいますか。次の（　）にあてはまる言葉を、自分で考えて答えなさい。（20点・一つ10点）

・風邪を引いている（㋐一字）の相手になっているが、いつまでもきりがないのである。ちょっと困っている中にも、（㋑二字）の子への愛情があふれている句である。

㋐ □　㋑ □□

(4) ④の俳句の説明としてまちがっているものを次からえらび、記号で答えなさい。（10点）

ア 菜の花に朝日がいっぱいさす様子をえがいている。

イ 一面に咲く、菜の花の黄色が目に浮かぶようだ。

ウ この俳句の季語は「菜の花」で、季節は「春」だ。

エ 夕暮れの菜の花畑の様子をえがいている。

（　　）

25 いろいろな文章（日記文・手紙文・記録文）

〔　月　日〕

学習内容とねらい　日記文・手紙文の形式や表現を理解して、自分でも書けるようにします。また、記録文の特徴を知り、正確に読み取れるようにします。

標準クラス

1 次の文章を読んで、あとの問いに答えなさい。

七月二十日

今日は、らいしゅうのキャンプのじゅんびをするために、ホームセンターに買い物に行きました。

ホームセンターでは、テントなどのキャンプにひつような道具がたくさん売っていました。お父さんは、バーベキューにひつようなおりたたみ式のテーブルとコンロとすみを見ていました。ぼくはお母さんといっしょに、紙コップや紙皿、わりばしをさがしました。あと、キャンプ場で飲むジュースやお水も買いました。ぼくと弟は、お母さんにたのんで、おかしも買ってもらいました。テーブル、コンロ、すみ、ジュースなどは重たいので、台車をかりて車まではこびました。

(1) 何のためにホームセンターに行きましたか。

（　　　）

(2) 何人でホームセンターに行きましたか。

（　　　）

(3) キャンプに行くのはいつですか。

（　　　）

(4) ホームセンターで買ったものを、すべてぬき出しなさい。

（　　　）

(5) ホームセンターでかりたものはなんですか。

（　　　）

2 次の文章を読んで、あとの問いに答えなさい。

おじいちゃんへ

夏休み、たくさん遊んでくれてありがとう。その中でもカブトムシやクワガタのとり方を教えてくれたことが一番楽しかったです。

登校日に、友だちにカブトムシをおじいちゃんのところでとったことを行ったら、①そのことをとてもうらやましがりました。ぼくも、こんなに大きなカブトムシがとれるとは思っていなかったので、とてもうれしかったです。

カブトムシをとりに行くときの早朝の山も、昼間とはちがいふしぎな感じで美しく思いました。

この日のことを宿題の絵日記にかいてみました。カブトムシはかっこよくかけたけど、山の美しさは思うようにかけませんでした。

来年の②夏も、おじいちゃんのところに行きたいです。今度はつりにもちょうせんしてみたいです。

［　　］、おじいちゃんおばあちゃんも、体に気をつけて、元気でおすごしください。

さようなら。

たけるより

---

(1) 本文中に、まちがった言葉を使っているところがあります。そのまちがった言葉をぬき出し、正しい言葉に直しなさい。

（　　　）→（　　　）

(2) ——線①「そのこと」とは、どのようなことですか。

（　　　）

(3) ——線②「夏も」は、どの言葉を修飾していますか。

（　　　）

(4) ［　　］にあてはまる言葉を答えなさい。

（　　　）

(5) この手紙は、だれからだれに出したものですか。

（　　　）から（　　　）に

時間 25分 合かく点 75点 とく点 点

（ 月 日）

1 次の文章を読んで、あとの問いに答えなさい。

マダガスカルの森の中には、小さなネズミキツネザルがたくさんいる。夜の森の中をライトでさがすと、「あ、あそこに」「あ、ここにも」というふうに目が光る。

ライトを地上近くのやぶの中から高い木のこずえの先まで、ゆっくり動かしてみる。いろいろな動物の目が光る。ヘラオヤモリの目の色は黄色っぽく、あまり強い光ではなく、しかも動かない。大きな赤い光がスーと枝先を動くとアイアイで、キラッと光るのはネズミキツネザルだ。

①ネズミキツネザルを飼うことはそんなに難しくない。一日の餌は、バナナを一本の三分の一とバッタやカブトムシを三、四匹でじゅうぶんだ。フンだって、小さな丸*薬のようなもので、掃除はなんてこともない。

ある日、バッタを三匹とカブトムシを一匹つかまえてネズミキツネザルの餌にした。マダガスカルのカブトムシは日本のものほど大きくはないけれど、体重が二ワトリの卵ほどしかない②ネズミキツネザルには、そうとうに大きい。ネズミキツネザルはまず最初にその大きなカブトムシに飛びかかって両手でだきしめるようにつかまえ、頭をするどい歯でかんだ。こうすれば、たしかに大きなカブトムシもにげられない。

それにしても、あのツルツルのカブトムシの体が、小さなネズミキツネザルの両手で、なぜつかまえられるのだろうか？　その秘密はネズミキツネザルの指先の吸盤*にある。ネズミキツネザルの指先はカブトムシのツルツルの体にでもピタッとすいつく。

タコの吸盤をはじめとして、動物の世界にはいろいろな吸盤があって、それぞれ独特の構造とその秘密を持っているが、ネズミキツネザルの指先の吸盤もそのひとつだ。

そして、そのノコギリのような歯も一役かっていた。そのするどい歯は、いったんかみつくとけっしてぬけないように打ちこむことができる。そうして、固いカブトムシの体をハサミのようにかみさくことができる。ツルツルの体を持ったカブトムシの仲間は森の中に多いので、それがネズミキツネザルの主な食べ物、つまり主食だった。

③アイアイと同じように、④ネズミキツネザルの歯と

指も、その主食としっかり結びついている。

（島　泰三「人はなぜ立ったのか？」）

＊丸薬…ねって小さくまるめた薬。
＊吸盤…動物が他の物にすいつくための器官。

(1)　――線①「ネズミキツネザルを飼うことはそんなに難しくない」とありますが、どうしてそういえるのですか。その理由が書かれているところを見つけて、はじめと終わりの五字をぬき出しなさい。（、や。も一字とします。）（20点）

□□□□□～□□□□□

(2)　――線②「ネズミキツネザルには、そうとうに大きい」とありますが、何とくらべて「大きい」のですか。（20点）

（　　　）

(3)　――線③「アイアイと同じように」とありますが、どのようなところが「同じ」なのですか。その説明としてもっともよいものを次からえらび、記号で答えなさい。（15点）

ア　カブトムシを食べるところ。
イ　えものをつかまえるのに役立つところ。
ウ　歯がノコギリのようにするどいところ。
エ　目がライトのように光るところ。

（　　）

(4)　――線④「ネズミキツネザルの歯と指」とありますが、どのような特徴をもっていますか。それぞれくわしく説明しなさい。（30点・一つ15点）

・歯…（　　　）

・指…（　　　）

(5)　～～線「一役かって」とありますが、「一役かう」の意味としてもっともよいものを次からえらび、記号で答えなさい。（15点）

ア　劇に出演する　　イ　よく仕事をする
ウ　役割をもつ　　エ　大切にする

（　　）

チャレンジテスト⑧

時間	合かく点	とく点
25分	75点	点

〔　月　日〕

1 次の詩を読んで、あとの問いに答えなさい。

赤とんぼ　　三木露風

夕焼け小焼けの
赤とんぼ
①負われて見たのは
いつの日か

山の畑の
桑の実を
小籠に摘んだは
②まぼろしか

十五で姐や＊は
嫁に行き
お里のたよりも
絶えはてた

夕焼け小焼けの
赤とんぼ
とまっているよ
竿の先

＊姐や…家事の手伝いや子守などをするために、よその家から来ている女の子。

(1) ——線①「負われて見たのは」について、それぞれの問いに答えなさい。(20点・一つ10点)

㋐「負われて」とは、どういうことですか。具体的に答えなさい。

（　　　　）

㋑「見た」とは、何を見たのですか。

（　　　　）

(2) ——線②「まぼろしか」とは、どういうことをいっているのですか。その説明としてもっともよいものを次からえらび、記号で答えなさい。(15点)

ア　おさないころに見た夢がはっきりしないこと。
イ　桑の実を小籠に摘んだことはなかったということ。
ウ　山の畑には桑の実はなかったということ。
エ　おさないころの思い出がはっきりしないこと。
（　　）

(3)　目の前の景色をよんでいる連はどれですか。もっともよいものを次からえらび、記号で答えなさい。（15点）

ア　第一連と第二連　イ　第一連と第三連
ウ　第一連と第四連　エ　第二連と第三連
オ　第二連と第四連　カ　第三連と第四連
（　　）

(4)　この詩の季節はいつですか。漢字一字で答えなさい。（10点）
（　　）

2　次の俳句は、どのようなことを表現していますか。もっともよいものを、あとからそれぞれえらび、記号で答えなさい。（40点・一つ5点）

①　古池や　蛙とびこむ　水の音　松尾芭蕉
②　雪とけて　村いっぱいの　子どもかな　小林一茶
③　若鮎の　二手になりて　上りけり　正岡子規
④　春の海　ひねもす＊のたり　のたりかな　与謝蕪村
⑤　朝顔に　つるべ＊とられて　もらい水　加賀千代女
⑥　われと来て　遊べや親の　ない雀　小林一茶
⑦　スケートの　ひも結ぶ間も　はやりつつ　山口誓子
⑧　大根引き　大根で道を　教へけり　小林一茶

＊ひねもす…一日じゅう。
＊つるべ…井戸水をくみ上げるおけ。

ア　たくましさ　イ　しずけさ　ウ　さびしさ
エ　おもしろさ　オ　よろこび　カ　かわいそう
キ　もどかしさ　ク　のどかさ　ケ　たのしさ

①（　　）②（　　）③（　　）④（　　）
⑤（　　）⑥（　　）⑦（　　）⑧（　　）

仕上げテスト 1

時間 40分　合かく点 75点　とく点 点

〔 月 日〕

1 次の①〜⑩の各組の熟語のうち、組み立てが他とちがうものを一つえらび、記号で答えなさい。（20点・一つ2点）

① ア 川岸　イ 年末　ウ 児童　エ 悪事
② ア 寒冷　イ 豊富　ウ 解放　エ 着席
③ ア 前後　イ 教育　ウ 苦楽　エ 明暗
④ ア 未満　イ 乗車　ウ 従事　エ 注意
⑤ ア 無益　イ 不要　ウ 強化　エ 非常
⑥ ア 言語　イ 学習　ウ 土地　エ 利害
⑦ ア 読書　イ 帰国　ウ 予防　エ 決心
⑧ ア 入学　イ 開店　ウ 演奏　エ 洗面
⑨ ア 商品　イ 高山　ウ 表紙　エ 尊敬
⑩ ア 健康　イ 関心　ウ 利益　エ 可能

①（　）②（　）③（　）④（　）
⑤（　）⑥（　）⑦（　）⑧（　）
⑨（　）⑩（　）

2 次の①〜⑩の（　）にあてはまる言葉を、あとからえらんで記号を書き入れ、ことわざ、慣用句を完成させなさい。ただし、同じ言葉はくり返して使えないものとします。（10点・一つ1点）

①（　）の横好き
②（　）の友
③（　）に泥をぬる
④（　）からうろこが落ちる
⑤（　）に付く
⑥（　）が地につかない
⑦（　）をしめる
⑧（　）を射る
⑨（　）を上げる
⑩（　）の打ち所がない

ア　顔　イ　足　ウ　的　エ　下手　オ　音
カ　板　キ　非　ク　目　ケ　竹馬　コ　味

3

次の（　）の中の——線部の漢字のうち、上のカタカナの読み方をするものを一つえらび、○でかこみなさい。（10点・一つ一点）

① ダイ　（内容　境内　国内　内外　内政）
② ゲ　（美化　化学　権化　化石　進化）
③ ゴ　（期末　学期　期間　最期　期限）
④ モツ　（作物　植物　物語　名物　品物）
⑤ ツ　（都会　都市　都合　都内　都政）
⑥ エキ　（使役　役人　重役　主役　役目）
⑦ ル　（流行　流通　流転　逆流　流失）
⑧ カ　（荷物　荷車　出荷　荷台　重荷）
⑨ カク　（来客　乗客　客間　旅客　客観）
⑩ チョウ　（重傷　貴重　体重　一重　重量）

4

次の①～⑥の——線部の空らんに言葉を入れて、それぞれことわざ・慣用句・慣用表現を完成させなさい。ただし、□には漢字一字、○にはひらがな一字が入ります。（12点・一つ2点）

① 彼は冷たい顔をして、○○○○島もなかった。（　　）
② □○ものには巻かれろというが、自分の意見ももたなければいけない。（　　）
③ 弟のかいた絵がコンクールで金賞をとったので、家族みんなは□が高かった。（　　）
④ 自分の親切な行いを他の人に聞かせる若者がいるが、昔から「□○○が花」という言葉もある。（　　）
⑤ 母は、いつもいいタイミングで、父の話に○○○○を打つ。（　　）
⑥ こんな高価なプレゼントを買うとなると、予定より□が出てしまうよ。（　　）

5

次の文は、あとのア〜ウのどの形にあてはまりますか。下の（　）に記号で答えなさい。（8点・一つ一点）

① 木の葉が風にとんでいく。（　）

② エビフライがおいしい。（　）

③ わたしは、お休みの日に遊園地に行った。（　）

④ ベートーベンは偉大な作曲家です。（　）

⑤ ぼくの両親はとてもやさしい。（　）

⑥ 王様の馬車が、大通りをゆっくりと走っていく。（　）

⑦ 今日は始業式です。（　）

⑧ この山道はとても危険だ。（　）

ア 何が（は）　何だ。

イ 何が（は）　どうする。

ウ 何が（は）　どんなだ。

6

次の〰〰線をつけた言葉は、どの言葉にかかりますか。その言葉の横に――線を引きなさい。（10点・一つ一点）

① 緑色の　ペンキを　ベンチに　ぬる。

② ものは　だいじに　使いましょう。

③ さあっと　夕立が　ふってきた。

④ この　店は　九時に　開店します。

⑤ この　問題が　わかりません。

⑥ ハンバーグなどの　洋食が　すきです。

⑦ 毛皮の　コートを　着た　女の人。

⑧ 姉は、うっとりと　その　絵を　見ている。

⑨ 雨の　日は　家の　中で　遊ぶ。

⑩ どこまでも　つづく　平原を　走る。

7 次の――線の漢字の読みを答えなさい。（10点・一つ一点）

① ほっと安心しました。（　　）
② 動物をかわいがる。（　　）
③ えきで手荷物をあずける。（　　）
④ 外国から羊毛をゆにゅうする。（　　）
⑤ きまりを定める。（　　）
⑥ 算数の宿題をする。（　　）
⑦ 今日は朝礼のある日です。（　　）
⑧ 早く席（せき）に着きなさい。（　　）
⑨ 学校の校庭で遊（あそ）ぶ。（　　）
⑩ 去年の遠足を思い出す。（　　）

8 次の――線のカタカナを漢字に直しなさい。（20点・一つ2点）

① 車がウゴかなくなった。
② 大きなものをハコぶ。
③ 大阪（おおさか）エキに特急（とっきゅう）が止まる。
④ バスにノって図書館（としょかん）へ行きます。
⑤ ホームランをウちました。
⑥ 学級（がっきゅう）ブンシュウを作る。
⑦ マちくたびれる。
⑧ ヨコブエをふく。
⑨ セーターをヤスく売っている。
⑩ 船にセキタンをつみこむ。

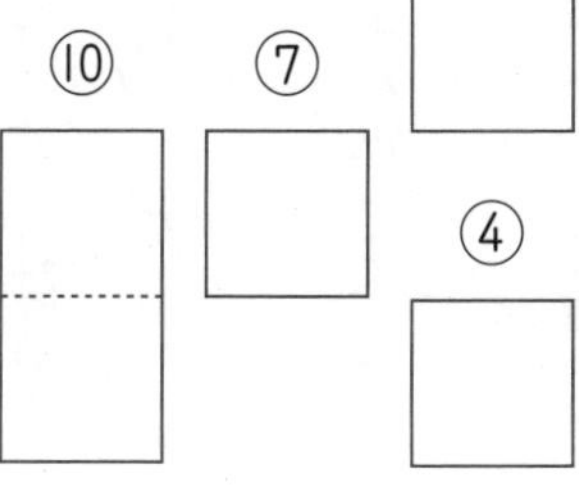

時間 40分　合かく点 75点　とく点 点

（　月　日）

1 次の文章を読んで、あとの問いに答えなさい。

お父さんたちは自分たちの洋服を見たり、家具売り場を歩きまわったりしていた。最初はおとなしくあとをついていたけれど、だんだん面倒くさくなり、①わたしは二人の前を歩くことにした。

「ちょっと待って。サッちゃん」

「うん」

いいお返事だけしておいて、ずんずん歩いていった。わたしが先を歩いていれば、お父さんたちはあわててあとをついてくるだろう。下りエスカレーターでわたしは一階までいき、そこでお父さんたちが来るのを待っていた。わたしと同じくらいの年の女の子たちが目の前を通りすぎていった。

「あたし、こんなすごいもん、買ってもらったんだよ」

彼女たち全員にそういって、自まんしたかった。欲しいものを買ってもらえず、

「お人形、お人形」

と②泣いて絶叫しながら、お母さんに手を引っぱられて、デパートからひきずり出される子もいた。

（わたしは欲しいものは、ちゃんと買ってもらえたもん）

ますます、心がうきうきしてきた。また包みをぎゅっと抱きしめた。

いつまでたっても、お父さんたちはエスカレーターからおりてこなかった。どの人も両手にデパートの紙袋を下げてエスカレーターからおりてきたが、その中に二人の姿はなかった。

（もしかしたら、少しでも早くおりようとして、エレベーターを使ったのかもしれない）

わたしはあわててエレベーターの乗り場に走っていった。そこにはたくさんの人がいて、おりる人と乗る人が、押し合いへし合いしていたが、ここには二人の姿はない。

（もしかしたら、わたしがこうしている間に、エスカレーターでおりてきたかもしれない）

わたしはさっきまでいた場所に急いで戻ってみたが、そこにも二人の姿はなかった。

（もしかしたら……）

またエレベーターのところに二人がいるような気がした。こんなとき、③忍者みたいに分身の術が使えたらどんなにいいだろう。わたしは買ってもらった包みを落と

さないように抱きしめながら、デパートの一階を、ぐるぐるとまわってみた。エレベーターから吐き出された人に後ろから押され、突きとばされそうになるのを必死でこらえた。デパートの中はひどい混雑で、わたしの周囲には大人の人垣ができていた。ちょっとやそっと、背伸びをしたくらいではお父さんとお母さんがどこにいるか、全然わからない。たくさんの人がいるなかで、わたしひとりがとり残されているみたいだった。

（群ようこ「膝小僧の神様」）

(1) この文章を二つの場面に分けると、後半はどこからはじまりますか。はじめの五字をぬき出しなさい。（10点）

(2) ――線①「わたしは二人の前を歩くことにした」とありますが、そのようにしたうらには「わたし」のどのような計算がかくされていますか。それがわかる一文をさがし、はじめの五字をぬき出しなさい。（10点）

(3) ――線②「泣いて絶叫しながら、……デパートからひきずり出される子もいた」とありますが、このときの「わたし」の気持ちを次からえらび、記号で答えなさい。（8点）

ア 泣いている子とくらべて自分は大人だという気持ち。
イ 泣いている子とくらべて自分は幸せだという気持ち。
ウ 泣いている子はかわいそうだという気持ち。
エ 泣いている子はみっともないという気持ち。

（　　）

(4) ――線③「忍者みたいに分身の術が使えたらどんなにいいだろう」とありますが、「わたし」はどこととどこを同時に見たいのでしょうか。次の〔　〕にあてはまる言葉を、本文中からぬき出しなさい。（10点・一つ5点）

・一階の〔 ㋐ 十字 〕と〔 ㋑ 七字 〕をおりたところ。

㋐

㋑

(5) 前半と後半で「わたし」の気持ちはどのよう

にかわりましたか。次からえらび、記号で答えなさい。（10点）

ア　楽しい気持ち　→　悲しい気持ち
イ　期待する気持ち　→　いらいらする気持ち
ウ　うれしい気持ち　→　心細い気持ち
エ　ゆかいな気持ち　→　おそろしい気持ち

（　　）

2　次の文章を読んで、あとの問いに答えなさい。

今日は科学技術の時代と言われていますように、科学がたいへんな進歩をとげていると考えられます。たとえば、月に行こうと思えば、行くこともできますし、またとんでもなく遠い木星だの、土星だのにロケットを飛ばしてその姿を電波にのせて送ってこさせ、それを分析して遠いわく星の構造なども知ることができるようになっています。コンピューターは人が一生かかってするような計算を何分の一秒かでやってのけて、それがあたかも人工頭脳のような働きを見せています。科学はありとあらゆる人間の希望を実現してくれているような感じがします。

そこで、今日では科学がすべてをきわめつくしたのではないか、と考える人がいるかもしれません。しかし、実際に自然というものは、とても奥深いものであって、われわれ人類はほんの、①そのはじっこをちょっとかじってみた、というくらいのものではないでしょうか。

［A］、いろいろな*理論や学説なども、すでに私たちがそれを応用して使っているものは別としても、どんどん変わっていっても、少しも不思議はないと言えましょう。

［B］、人工衛星や宇宙ロケットなどが飛び出して、私たちの周りの太陽系のわく星などに、いろいろと科学のメスが入って新しいことが分かってきております。また、②それによって天文学だの地学だのの学説が、どんどんと変わっていきつつあるように思われます。自然の*真理、宇宙の真理とかといって科学者がいばっていたとしましても、それが③きれいにひっくり返るというようなことは始終起こっているわけです。特に、天文学や地学の学説はそうです。④それは当然のことでありまして、まだ私たちの誰もが遠い宇宙のはてへ飛んでいって現物を見てきたわけではありませんし、地球の奥深くもぐりこんで、その内部の構造を確かめてきたわけでもありません。

そこで、理論はそれまでに知られているデータだけから*推理によって組み立てられるのですが、新しく別の情報が入ってきますと、それまでの理論では説明がつかなくなってひっくり返るということになるのは当然というものなのです。

（崎川範行「科学ってこんなに面白い」）

＊推理…あることがらをもとにして、まだわかっていないほかのことを想像し、考えること。
＊真理…いつでもどこでも変わらず、正しいとされることがら。
＊理論…すじ道が通っている考え。理屈に合った考え。

(1) ═線「今日」の読みを答えなさい。（8点）

（　　）

(2) A・B にあてはまる言葉としてもっともよいものを次からえらび、それぞれ記号で答えなさい。（10点・一つ5点）

ア だから　イ しかし　ウ たとえば

A（　）　B（　）

(3) ――線①「そのはじっこ」とは何のはじっこですか。（8点）

（　　）

(4) ――線②「それ」は、どのようなことを指していますか。本文中の言葉を使って三十字以内で答えなさい。（10点）

（　　）

(5) ――線③「きれいに」と同じ意味で使われているものを次から一つえらび、記号で答えなさい。（8点）

ア 年末の大そうじをしたので、とてもきれいになりましたね。
イ 夜空の星がきれいに見えた。
ウ 算数の宿題のことを、きれいに忘れていました。

（　　）

(6) ――線④「それ」の指す内容としてもっともよいものを次からえらび、記号で答えなさい。（8点）

ア 自然の真理、宇宙の真理だと言って、科学者がいばっていること。
イ 天文学や地学の学説がつねに正しいと思われていること。
ウ 科学者がそれまで正しいと主張していたことが、実はちがっていたとわかること。
エ 遠い宇宙のはてに行ったり、地球の奥深くにもぐりこんだりすることはできないということ。

（　　）

仕上げテスト ③

時間 40分　合かく点 75点　とく点 　点　〔　月　日〕

1 次の文章を読んで、あとの問いに答えなさい。

（ゾウたちは、水を求めて苦しい旅を続け、ようやく大きな沼地にたどりつき、喜んで水を飲んでいました。）

と、そのときです。

ダダン

ダダダ、ダン

と、つづけざまに、大きな音がしました。ほんとに、①とつぜんのできごとでした。

群れから、すこしはなれて、のんびりと草を食べていた二頭のゾウが、前足を、がくんとつきました。かなしげなさけび声をあげると、ドスンと、たおれてしまいました。

ゾウ狩りの狩人たちが、沼地のむこうの木かげで、ゾウたちを待ちかまえていたのです。

シラサギたちは、おどろいて、大きな羽音をたてて、飛びたちました。

水をもとめて、沼地に集まっていたほかの動物たちも、あわててにげだしました。

狩人たちは五人でした。まだ、てっぽうをかまえています。

年とったゾウは、鼻をまきあげて、ひと声たかくほえました。

「にげろ！」

という、合図です。

長い旅をしてせっかく見つけた沼地ですが、ぐずぐずしているわけにはいきません。

ゾウの群れも、にげだしました。

森じゅうが、ゆれるような、大きな地ひびきをたてて、にげはじめました。

年とったゾウだけは、ウオーン、ウオーンと、ほえたてながら、五人の狩人のほうにむかって、おそいかかっていきました。

五人の狩人はあわてました。

もう、ほかのゾウなど、ねらうひまはありません。

五人の狩人は、いっせいに、年とったゾウめがけて、てっぽうをぶっぱなしました。

②年とったゾウは、おこっていました。

ほんとに、おこっていました。

ひざをついては起きあがり、たおれては起きあがり、きずつきながらも、狩人のほうにむかっていきました。

そのあいだに、ゾウの群れは、ドスドス、バリバリと、木をおりくだいたり、ふみたおしたりしながら、森のおくのほうににげていきました。

日がくれて、森の中はまっ暗になりました。しーんと、静まりかえって、森の中は、物音ひとつしません。

その静まりかえった暗い森の中で、ゾウの群れは、年とった大きいゾウを待っていました。

夜明け方まで、待っていました。

③ここまで群れをひきいてきた年とったゾウは、帰ってきませんでした。

ゾウの群れは、夜明け方の森の中を、また、どこか遠くにある水をたたえる沼地をもとめて、旅だっていきました。

その群れの先頭には、二ばんめに年とったゾウが歩いていました。たくさんのゾウの群れをひきいて、先頭に立って、のっし、のっしと歩いていきました。

（椋鳩十「ゾウの旅」）

(1) ——線①「とつぜんのできごと」とは、具体的にはどのようなことですか。（10点）

（　　　　）

(2) ゾウの群れが夢中でにげていることがわかるたとえの一文を本文中からさがし、はじめの五字を答えなさい。（10点）

(3) ——線②「年とったゾウは、おこっていました」とありますが、何におこっているのですか。次からえらび、記号で答えなさい。（10点）

ア 苦心して見つけた水飲み場である沼地を、狩人たちに横取りされたこと。

イ せっかくたどりついた沼地で、大切ななかまがおそわれてたおれたこと。

ウ やっとたどりついた沼地で、みんなが水を飲み終わる前にじゃまをされたこと。

（　　）

(4) ——線③「ここまで群れをひきいてきた年とったゾウは、帰ってきませんでした」から、どんなことがわかりますか。（10点）

（　　　　）

2　次の文章を読んで、あとの問いに答えなさい。

①ほにゅう類に色覚があまり発達しなかったのは、ほにゅう類の多くが夜行性だったことによるのかもしれない。暗いところで活動する動物には色はほとんど意味を持たない。ほにゅう類は夜行性のものが多いので色の識別能力が発達しなかったのだろう。そのことからも色を識別する機能は必要に応じて、進化の過程で発達してきたのだと思われる。

　昆虫には実に様々な色のものがいるが、昆虫自体が自分の色が見えているとは限らない。[A]、色が見えるということが、昆虫の色やもようをどんどん豊かにしてきたのだとぼくは思う。

　シロチョウ科のチョウは、一般に赤い色を識別できないものが多い。けれど沖縄にすむツマベニチョウはハイビスカスの赤い色に引かれて花にやって来る。ツマベニチョウはその名の通り、前羽の先端が美しい赤色をしている。そのことがツマベニチョウをして他のシロチョウと異なり、赤を識別できるように進化させたのではないかと思う。チョウは自分の色やもようを仲間のコミュニケーションに使うものも多い。自分の色が識別できなければ、②そんなことはできるはずがない。だから、多くのチョウは自分の色が見えると考えるのが自然であると思う。

　けれど昆虫が見ている色は私たちが見ている色と同様なものとは限らない。それは昆虫が見ることのできる色の範囲が、私たちと同一ではないからだ。私たちは四〇〇〜七〇〇*ナノメーターの光の反射を、色として認識することができる。けれど、光というのは紫外線のようにもっと短い波長のものもあるし、赤外線のようにもっと長い波長のものもあるわけだ。[B]、私たちはすべての色を見ているわけではなく、ほんの一部の色を見ているにすぎないのだ。昆虫には紫外線の一部の反射を見ることができるものがいることがわかっているから、その色の見え方は私たちとは違っているに違いない。

　昆虫が見ている色の世界を*擬似的にとらえてみようと考えて、昆虫が感じることができるという近紫外線の反射を判別できるビデオカメラを工夫してみた。そのカメラで様々な花を撮影してみたところ、見慣れた花がずいぶん違って見えるのでびっくりした。

　特におもしろかったのは、私たちの目に単一の色に見える白や黄色の花だ。私たちには白や黄色一色に見える花でも、この紫外線カメラで見ると③中心部が濃い色に見える花が多いことがわかる。それは花の中心の部分がまわりと比べて紫外線の反射率が低いことをあらわしている。そして濃い色に見える部分の中心に蜜があることが多い。これは花が昆虫に蜜のありかを教えているハニーガイドとも呼ばれるもようだ。ミツバチには[C]が見えることがわかっているが、実際、ハニーガイドを持った白や黄色の花はミツバチに好まれる花でもあることが多い。ミツバチは赤い色は識別できないといわれているが、紫外線以外の色も見ることができる。花には私たちの目で見ても、蜜のある部分の色が濃くなっている種類のものもたくさんある。だから、紫外線で見えるハニーガイドがないからといって昆虫を呼ぶことができないわけではない。

（海野和男「昆虫の世界へようこそ」）

＊ナノメーター…十億分の一メートル。
＊擬似的…本物と見分けがつかないほどよくにているさま。

(1) [A]・[B]にあてはまる言葉を次からえらび、それぞれ記号で答えなさい。（16点・一つ8点）

ア しかし　イ つまり　ウ たとえば

A（　）　B（　）

(2) ——線①「ほにゅう類に色覚があまり発達しなかった」とありますが、それはなぜですか。本文中の言葉を使って答えなさい。（10点）

（　）

(3) ——線②「そんなこと」とは、どのようなことを指していますか。（10点）

（　）

(4) ——線③「中心部が濃い色に見える」について、次のそれぞれの問いに答えなさい。（16点・一つ8点）

① これは何とよばれるもようですか。本文中からぬき出して答えなさい。

（　）

② なぜそうなっているのですか。本文中の言葉を使って二十字以内で答えなさい。

（　）

(5) [C]にあてはまる言葉としてもっともよいものを次からえらび、記号で答えなさい。（8点）

ア 赤外線　イ 近紫外線　ウ 濃い色

（　）

仕上げテスト ④

時間 40分　合かく点 75点　とく点　点　（　月　日）

1 次の文章を読んで、あとの問いに答えなさい。

坂本ららと①小杉純也が初めて出会ったのは、運動会のマラソンの日のことだった。

その日は風もなく、よく晴れたおだやかな日で②ぜっこうの運動会びよりだった。マラソンのスタートは午前九時。きょりは約五キロ。

おおかたの予想では、昨年ぶっちぎりで優勝した小杉純也が今年も優勝こうほだった。小杉純也は野球部員でピッチャーだ。ピッチャーとしてのスタミナ*をつけるため、走っていた。陸上部の長きょりランナーも純也にはかなわなかった。

③純也の作戦はたんじゅんだった。

スタートと同時にトップに飛び出す。絶対にだれかにトップはとらせない。そのままスピードをゆるめず、まわりにいる者がだつ落するのを待つ。スピードとスタミナに自信があるからこその作戦だった。昨年はこの作戦でぶっちぎりの一位だった。

純也は今年も同じ作戦でいくことにした。そして、スタートのピストルとともに、もうれつなダッシュで飛び出した。

純也は、五十メートルも走らないうちにトップに立つと、一周二百メートルのトラックを二周した。

純也は、高校の校門を出ると、作戦ど④り、もうれつなスピードをい持*して走り続ける。

すると、一人、また一人とトップ集団からだつ落した。それでも、何人かは純也のあとに続いた。

校門を出ると、コースはすぐに住宅街のせまい道に入る。信号で止められることはないし、なんといっても車にじゃまされることをさけるためのコースだった。コースの角ごとに係員がいて、ランナーたちをゆうどうしていた。

一キロ地点にさしかかると、純也はうしろをふり向いた。トップ集団は純也を入れて四人。陸上部員が二人、それにテニス部員が一人いた。純也が予想した顔ぶれだった。

純也は、それから一キロばかり飛ばしてからまたうしろをふり返った。だれか一人はだつ落していそうだった。

⑤案の定だった。テニス部の男子がうしろにさがっていた。トップグループは純也と陸上部員の三人だけになっている。

陸上部員の二人も苦しそうな表情だった。そこで、純也は気合いを入れてスピードをい持することにした。

すると、陸上部員の二人はじょじょにおくれはじめた。こうなるとしめたものだった。もう少しがんばって差を広げれば、うしろの連中に⑥の気持ちというダメージをあたえることができる。

純也は走った。ちょっと苦しくなったが、ここが勝負どころと⑦□をくいしばって走った。⑧その結果、純也はごほうびとして二位に*大差をつけることができた。

大差とは、いますぐコーヒーハウスに入って、チーズケーキとコーヒーを一杯飲み、*与太話をして、一回だけ大笑いすることができるぐらいの時間のことである。

そして、中間点をすぎてから、やっと少しだけスピードを落とすことができた。中間点はまっすぐな道のとちゅうで、ふり返ってみてもだれもいなかった。あとは楽なペースで逃げ切ることができそうだ。

純也は角をひとつ曲がった。五十メートルばかり走って、また角を曲がった。こんどはだらだらとした登り坂が百メートルばかり続き、そして登り切った角を右に⑨折れた。しばらくはまっすぐで平たんな道がつづく。角に係員がいて、こんどは左に曲がって下った。下り坂のとちゅうで右に折れ、また五十メートルばかり走ってすぐに左に曲がる。すると、こんどは住宅街の外れの道に出た。

そのとたん、あろうことか背後に*軽かいな足音がせまってきたのだ。

⑩まさか？　そんなはずはない。だれかが追いついたのだろうか？　純也はけげんな顔で振り向いた。そして背後にせまってくる軽かいな足音の主を目にして、⑪思わずパンツがずり落ちそうになってしまった。足音の主が女の子だったのだ。

（川上健一「ららのいた夏」）

＊スタミナ…肉体的なたいきゅう力。
＊い持…同じ状態をたもちつづけること。
＊大差…大きな差、ちがい。
＊与太話…たわいのない話。
＊軽かい…軽やかなこと。

(1)　——線①「小杉純也」は運動会で注目されていますが、それはなぜですか。次の〔　〕にあてはまる言葉を、それぞれ本文中からぬき出して答えなさい。（15点・一つ5点）

・〔　㋐四字　〕競技で、昨年ぶっちぎりで

（ ㋑ 二字 ）し、今年も（ ㋒ 五字 ）とみられているから。

㋐ □□□□

㋑ □□

㋒ □□□□□

(2) ——線②「ぜっこうの運動会びより」とほぼ同じ内容の表現を、「〜天候。」につながるように、本文中から十五字でぬき出して答えなさい。（6点）

□□□□□□□□□□□□□□□ 天候。

(3) ——線③「純也の作戦」とは、どんな作戦ですか。本文中の言葉を使って答えなさい。（6点）

（　　　　）

(4) ④には、「う」と「お」のどちらを入れるのがよいですか。よいほうを答えなさい。（6点）

（　　）

(5) ——線⑤「案の定だった」について、次のそれぞれの問いに答えなさい。（10点・一つ5点）

① 「案の定」の意味としてもっともよいものを次からえらび、記号で答えなさい。

ア 思いがけないこと
イ 思ったとおり
ウ 心配したとおり
エ あぶないこと

（　　）

② どういうことが「案の定」だったのですか。本文中の言葉を使って答えなさい。

（　　　　）

(6) ⑥にあてはまる言葉としてもっともよいものを次からえらび、記号で答えなさい。（8点）

ア 悲しみ　イ あきらめ
ウ よろこび　エ 楽しみ

（　　）

(7) ——線⑦「□をくいしばって」の□にあてはまる体の一部分を表す漢字を一字で答えなさい。(6点)

(　　)

(8) ——線⑧「その結果」の「その」とは、どういうことですか。また、その結果どうなったのですか。それらを説明した次の文の〔　〕にあてはまる言葉を、それぞれ本文中からぬき出して答えなさい。(15点・一つ5点)

・少し〔 ㋐ 三字 〕なったが、がんばって〔 ㋑ 三字 〕結果、二位に〔 ㋒ 二字 〕をつけることができたということ。

㋐ □□□

㋑ □□□

㋒ □□

(9) ——線⑨「折れた」と同じような意味の言葉を、本文中から五字以内でぬき出しなさい。(6点)

(　　)

(10) ——線⑩「まさか？　そんなはずはない」の「そんな」は、どんなことを指していますか。本文中の言葉を使って答えなさい。(7点)

(　　)

(11) ——線⑪「思わずパンツがずり落ちそうになってしまった」とは、純也のどのような気持ちを表していますか。次の〔　〕にあてはまる言葉を、それぞれ本文中からぬき出して答えなさい。また、【 ㋒ 】にあてはまる言葉は自分で考えて答えなさい。(15点・一つ5点)

・自分に追いついてきた〔 ㋐ 四字 〕が〔 ㋑ 三字 〕だったことに、とても【 ㋒ 】気持ち。

㋐ □□□□

㋑ □□□

㋒

仕上げテスト 5

時間 40分　合かく点 75点　とく点 点　（ 月 日）

1 次の文章を読んで、あとの問いに答えなさい。

気象庁が出す予報の中で、季節感あふれるのが春のサクラ開花予想と、秋の紅葉の見ごろ予想です。実は各地方の気象台ではサクラと紅葉だけでなく、①さまざまな動物や植物の観察を行っており、これを「生物季節観測」とよんでいます。

地域によって多少観測の種目が違っていますが、一般的な生物季節観測の項目は、植物では春のウメの開花から、サクラ、タンポポ、フジ、アジサイ、ススキ、ハギ、カエデ、イチョウなど多くの種目におよんでいます。動物ではカエル、モンシロチョウ、ツバメ、ウグイスなどで、植物では開花や紅葉、落ち葉について、動物では*初見、初鳴きなどを記録しています。②なぜ、気象庁がこのような多種の生物を観測しているのでしょうか。

毎日の気象の変化はかなり大きなもので、［A］、虫や小動物が動きだすといわれる啓蟄(春になって冬ごもりの虫が地中からはい出る三月六日ごろ)から春本番の春分のころは、一年のうちでもっとも気象の変化の大きな時期になっています。春本番の陽気と真冬のような寒気が交互にくり返されると、季節の進行がはっきりしなくなります。動物や植物の様子を長年にわたって観測していると、気温が低いと見かけないもの、昼の時間が長くなることによって開花したり、行動したりするものがわかってきます。［B］、毎年同じ場所で、同じ種類の動物や植物を観測することで、気象の変化と季節進行の関係を調べているのです。その中でも予報として発表するのはサクラの開花と紅葉の見ごろだけです。春と秋の行楽の目玉のような予報で、一般の人はもちろん、旅行業者、イベント関係者にとっても重要な情報になっています。

サクラの場合、予報は毎年三月三日前後に発表されます。対象となるサクラは東北から九州の③ソメイヨシノと北海道のエゾヤマザクラです。沖縄のサクラはカンヒザクラで、一月から二月には咲いてしまいますので、予報にはなりません。

ソメイヨシノは全国に*分布しているうえ、花がいっせいに開き、開花や満開の時期が特定しやすいので、予報に向いています。昔は、二月ごろから開花予想の対象となるサクラのつぼみを採取して、その重さをはかり、一月以降の気温の経過と合わせて予報を行っていました。

現在は、秋以降の気温の経過からサクラの開花する日を予測しています。これはスギ花粉の飛散開始を予測するのと同じ手法です。

サクラもスギと同様につぼみの状態で休眠し、低温になることで開花の準備を始めます。最近は秋以降も高温の年が多かったために、サクラの開花も昔とは違ってきました。それは九州南部で遅くなり、関東や東海で早くなっていることです。

よく「④サクラ前線が北上する」というようないい方をしますが、沖縄では逆に南下します。暖かい沖縄では、比較的低温な北部で⑤休眠から覚めるのが早く、南部で遅くなります。このために沖縄のサクラは北上ではなく、南下するわけです。九州から関東にかけても昔は秋から冬に必ず冷え込んだために、サクラは暖かい南の地方から開花していました。［C］、地球温暖化の影響で九州南部では秋以降の気温がなかなか下がらずに、サクラのつぼみが低温にさらされる時期が大幅に遅れるようになりました。このために比較的低温な東海や関東南部のほうが、早く開花するようになっているのです。

ここ数年は四国がもっとも早くなっていますが、近い将来、サクラがもっとも早く開花するのは東海、［D］、関東になるでしょう。北日本の開花もしだいに早くなっています。サクラ前線は、昔は五月の連休後に津軽海峡を越えていましたが、最近は連休中に越えることが多く、年によっては連休前に越えてしまうこともあります。

（村山貢司「降水確率50％は五分五分か」）

＊初見…はじめて見ること。
＊分布…わかれて広がっていること。

(1) ［A］〜［D］にあてはまる言葉を次からえらび、それぞれ記号で答えなさい。（20点・一つ5点）

ア だから　イ あるいは
ウ たとえば　エ ところが

A（　）B（　）C（　）D（　）

(2) ——線①「さまざまな動物や植物の観察」とありますが、具体的にはどのようなことについて観察するのですか。「〜について。」につながる形で、動物・植物それぞれについて本文中から八字と九字でぬき出して答えなさい。（16点・一つ8点）

・動物…（　　）について。
・植物…（　　）について。

(3) ――線②「なぜ、気象庁がこのような多種の生物を観測しているのでしょうか」とありますが、この観測は何を調べるためのものですか。次の段落から十五字以内でぬき出して答えなさい。（10点）

(4) ――線③「ソメイヨシノ」は、なぜ予報の対象になっているのですか。その理由を二つ答えなさい。（16点・一つ8点）

（　　　）

（　　　）

(5) ――線④「サクラ前線が北上する」とありますが、このことを具体的にのべている文を、同じ段落の中からさがし、はじめの五字をぬき出して答えなさい。（10点）

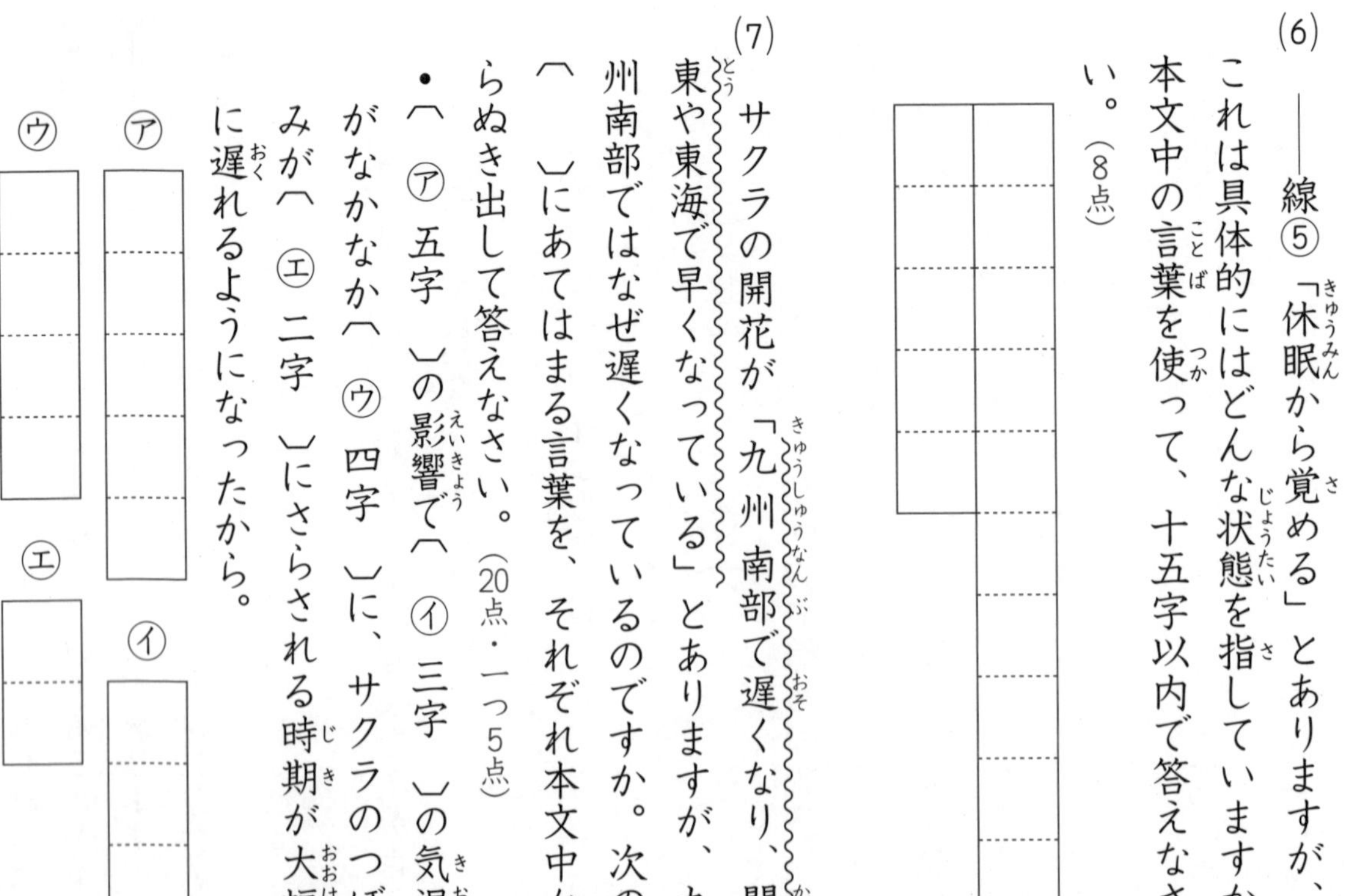

(6) ――線⑤「休眠から覚める」とありますが、これは具体的にはどんな状態を指していますか。本文中の言葉を使って、十五字以内で答えなさい。（8点）

(7) サクラの開花が「九州南部で遅くなり、関東や東海で早くなっている」とありますが、九州南部ではなぜ遅くなっているのですか。次の（　）にあてはまる言葉を、それぞれ本文中からぬき出して答えなさい。（20点・一つ5点）

・（ア 五字）の影響で（イ 三字）の気温がなかなか（ウ 四字）に、サクラのつぼみが（エ 二字）にさらされる時期が大幅に遅れるようになったから。

ア

イ

ウ

エ

小学3年 国語 答え ハイクラステスト

1 漢字の読み ……………………

2ページ

1 ①かおく ②めいあん ③ぜんいん
④いいん ⑤えきちょう ⑥にゅうか
⑦かいか ⑧ちょっかん ⑨あっか
⑩こがん

考え方 音読みする二字の漢字の言葉の問題です。上の漢字も下の漢字も音読みします。
①「家屋」は「かや」と読むとまちがいです。「かおく」と正しく読めるようにしましょう。

2 ①そだ ②およ ③ば ④ま ⑤にが
⑥かる ⑦かか ⑧む ⑨お ⑩さだ
⑪ひら ⑫はな

考え方 訓読みする漢字の言葉の問題です。送りがなに気をつけて読み方を考えましょう。
⑤「苦い」は「くるしい」「にがい」のどちらでしょう。送りがなが「い」のときは「にがい」と読むことに気をつけましょう。

3 ①イ ②ア ③イ ④ア ⑤イ ⑥ア
⑦ア ⑧イ

3ページ

4 ①㋐しん ㋑ふか
②㋐ちゅう ㋑ひる ③㋐ぶつ ㋑もの
④㋐しゅく ㋑やど ⑤㋐こん ㋑ね
⑥㋐てき ㋑ぶえ
⑦㋐だい ㋑たい ㋒か
⑧㋐せ ㋑せい ㋒よ

考え方 漢字の音読みと訓読みの問題です。⑦「代」は「ダイ・タイ」、⑧「世」は「セ・セイ」のように、二つの音読みがあるので注意しましょう。それぞれ「代表」「交代」、「世界・世紀」などの言葉として読み方をおぼえましょう。

5 ①せいり ②べんきょう ③そうだん
④しんりょく ⑤みおく ⑥ひつじ
⑦ひろ ⑧ぬし ⑨うつく

考え方 ①～④までは音読みする漢字で、⑤～⑨は訓読みする漢字です。⑤「見送り」は訓読みするので、気をつけましょう。

4ページ

1 ①れっとう ②とうよう
③ひょうちゅう ④ないぶ ⑤せけん
⑥みずうみ ⑦どうわ ⑧しぎょう
⑨れんしゅう

2 ①さむ ②しら ③お ④かな ⑤も
⑥な ⑦くる ⑧つか ⑨まも ⑩いそ

3 ①㋐とう ㋑と ㋒のぼ
②㋐ぶつ ㋑もつ ㋒もの
③㋐ず ㋑とう ㋒まめ
④㋐じん ㋑しん ㋒かみ
⑤㋐せい ㋑ざい ㋒にし
⑥㋐ぱん ㋑ばん ㋒いた

考え方 漢字の音読みと訓読みの問題ですが、ここでは訓読みのほかに、音読みが二つある漢字を出題しています。②「物」は、音読みが「ブツ・モツ」、訓読みが「もの」で、かなりまぎらわしいので注意しましょう。

5ページ

4 ①はじ ②まつ ③お ④くら
⑤うご ⑥いいんかい ⑦かいほう
⑧かぞく ⑨おもて ⑩にもつ
⑪みぢか ⑫しんちょう ⑬びょうどう
⑭じゆう ⑮そ ⑯たいよう
⑰ちよがみ ⑱きたい

指導の手引き 漢字の読みでは、音読みと訓読みを正しく理解することが大切です。音読みは、「山」という漢字でいえば「サン」であり、訓読みは「やま」で、発音を聞くと意味がわかる読みです。二字の熟語の場合は、上の漢字も下の漢字も音読みする（例 山村（サンソン））、両方とも訓読みする（例 山里（やまざと））というのが基本であることを理解させましょう。

2　漢字の書き

6ページ

1 ①品物　②王様　③湯飲　④温度計
⑤道具　⑥水泳　⑦自転車　⑧銀行
⑨研究　⑩幸　⑪鼻血　⑫遊園地

2 ①㋐着　㋑切　②㋐負　㋑追
③㋐帰　㋑返　④㋐明　㋑開

考え方　読み方が同じで、意味がちがう漢字（同訓異字）の問題です。①「着る」と「切る」は、どちらも「き(る)」と読みますが、べつの漢字です。漢字の意味を考えて正しく使い分けましょう。

7ページ

3 ①者・写　②級・急　③横・央
④定・庭

考え方　読み方が同じで、意味がちがう漢字（同音異字）の問題です。①の「作者」と「書写」はどちらも「シャ」と読みますが、「者」と「写」は意味のちがう漢字です。漢字の意味を考えて、正しい漢字が使えるようにしましょう。

4 ①旅行　②野球　③階　④礼　⑤習
⑥勝　⑦虫歯　⑧陽気

考え方　③「六会・六回」、⑧「陽木・陽記」などのように、同じ音のまちがった漢字を書かないようにしましょう。

8ページ

1 ①作業　②仕事　③役所　④勝負
⑤暑中　⑥重　⑦組合　⑧図書館
⑨日本酒　⑩悪人　⑪幸福　⑫麦畑
⑬毛皮　⑭歩道橋

2 （れい）①代表―表紙―紙面―面会
②写真―真実―実話―話題
③安全―全開―開発―発送
④発明―明暗―暗黒―黒白
⑤勉強―強調―調整―整理

考え方　答えはれいとしてしめしています。③は、「安打―打開―開放―放送」でも正しい答えとします。

9ページ

3 ①筆箱　②急　③去　④昭和　⑤客
⑥重大　⑦安心　⑧放送局　⑨有名
⑩速　⑪医者　⑫真冬　⑬宮　⑭入港
⑮石油　⑯台所

指導の手引き　漢字を覚えていくときは、ノートなどに例文ごと書いて反復練習をしていくことが何より大切です。例文ごと書くことで、使い方や意味を予測して書く力が身についていきます。

3　漢字の音と訓

10ページ

1 ①コウ　②ブ　③ヤク　④ミ
⑤ユウ(ユ)　⑥チョウ　⑦ヨウ
⑧イ　⑨ベン　⑩シ　⑪ワ(オ)　⑫トウ
⑬ショク　⑭ク　⑮ソク　⑯ジョ
⑰キュウ　⑱カン

考え方　漢字の音読みの問題です。音読みは昔、漢字といっしょに中国からつたわった読みで、教科書の漢字表などではカタカナで表されています。

なお、一つの漢字に音読みが二つ以上あるもののうち、⑤「遊」のように、答えに「ユウ」のほかに(ユ)としめしているものがあります。これはとくべつな読み方で、小学校では習いません。⑪「和」の「ワ(オ)」も同じです。

2 ①さら　②きし　③さか　④たま
⑤みや　⑥いき　⑦に　⑧はし
⑨こおり　⑩きみ　⑪かかり　⑫おもて
⑬じ　⑭よこ　⑮さけ・さか　⑯あぶら
⑰ち　⑱むかし　⑲たび　⑳にわ
㉑すみ　㉒ところ　㉓はしら　㉔みどり

考え方　漢字の訓読みの問題です。訓読みは日本に昔からあった言葉をあてた読みで、教科書などではひらがなで表されています。⑦「荷(に)」、⑩「君(きみ)」、⑬「路(じ)」などは、音読みか訓読みか、まぎらわしいので注意しましょう。⑮「酒」は「さけ・さか」の二つの訓読みがあります。どちらを答えても正しい答えとします。

11ページ

3 ①ソウ・おく(る)　②ウン・はこ(ぶ)
③メイ・いのち　④アン・やす(い)
⑤タイ・ま(つ)　⑥ハ・なみ
⑦トウ・しま　⑧ケイ・かる(い)
⑨ハイ・くば(る)　⑩ヒツ・ふで

4 ①㋐はな(す)　㋑ほう
②㋐みじか(い)　㋑たん
③㋐たい(らな)　㋑へい
④㋐びょう　㋑やまい
⑤㋐ちょう　㋑しら(べる)
⑥㋐けっ　㋑き(める)
⑦㋐おも(い)　㋑じゅう　㋒ちょう
⑧㋐き(る)　㋑つ(く)　㋒ちゃく

考え方　漢字の音読みと訓読みを答える問題です。⑦「重」は音読みが二つ、⑧「着」は訓読みが二つあります。言葉の意味や送りがなに気をつけて、正しい読み方を書きましょう。

12ページ

1 ①う(ける・かる)　②す(む・まう)
③の(る・せる)　④はじ(める・まる)
⑤もう(す)　⑥ととの(える・う)
⑦そそ(ぐ)　⑧お(わる・える)
⑨あつ(い)　⑩ひと(しい)
⑪なが(れる・す)　⑫すす(む・める)
⑬うつく(しい)　⑭わる(い)

考え方　送りがなを正しくつけましょう。答えの(　)内が送りがなの部分です。

2 ①さいわ(い)・しあわ(せ)
②ま(ける)・お(う)　③ゆび・さ(す)
④くる(しい)・にが(い)

考え方　訓読みが二つ以上ある漢字の問題です。送りがなのちがいに注目しましょう。

13ページ

3 ①ブツ・モツ　②キョ・コ
③ヘイ・ビョウ　④ユ・ユウ
⑤シュ・ス　⑥ト・ツ　⑦ガク・ラク
⑧テイ・ジョウ　⑨キャク・カク

考え方　音読みが二つ以上ある漢字の問題です。少しむずかしいと思いますが、たとえば、①「物」であれば、「植物」・「作物」などの言葉を思いうかべてみましょう。④「由」は「由来」・「自由」などです。⑨「客」は「キャク・カク」の読みのうち、「カク」がむずかしい読み方です。「旅客機(りょかくき)」などの言葉でおぼえておきましょう。

4 ①動　②投　③温　④育　⑤曲

考え方　同じ漢字が、音読みで出てくる例文(れいぶん)と訓読みで出てくる例文をあげています。②では、㋐「投(手)」と㋑「投(げる)」が入ることになります。

4　漢字(かんじ)の組み立て　……

14ページ

1 ①エ　②ア　③キ　④オ　⑤ウ　⑥カ
⑦イ

考え方　漢字の部首は、「へん」「つくり」「かんむり」など、漢字のいろいろな部分に意味をしめす符号(ふごう)として組みこまれていますが、その位置(いち)によって七つに分けられています。それぞれの部首が、どの位置にあるかをしっかりおぼえておきましょう。

2 ①エ　(れい)絵・紙・級(細・終)
②ウ　(れい)海・池・湖(港・油・深)
③カ　(れい)近・道・送(運・速・進)
④ア　(れい)広・店・度(庭・庫)
⑤イ　(れい)花・草・葉(茶・苦・薬)

考え方　それぞれの部首の名前をおぼえて、その部首を持つ漢字をいくつも集めてみましょう。答えは(れい)としてしめしています。

15ページ

3 ①阝・おおざと　②木・きへん
③門・もんがまえ　④⺮・たけかんむり
⑤攵・ぼくにょう(ぼくづくり・のぶん)
⑥禾・のぎへん　⑦頁・おおがい
⑧癶・はつがしら

4 ①亻・ウ　②扌・キ　③宀・カ
④刂・ク　⑤心・イ　⑥言・ア
⑦灬・エ

考え方　①「住」の部首は「亻(にんべん)」です。この部首を持つ漢字をあげてみると、「休・作・仕・代」など、「人」と関係(かんけい)のある漢字が多いことがわかるでしょう。これは「亻」が「人」の意味を表すからです。②「打」の部首は「扌(てへん)」で、「指・持」など「手」に関係する漢字が多いといえます。このほかの漢字についてもまちがっていたら、部首と部首名を調べ、その部首を持つ漢字を集めて、意味を考えてみましょう。

16ページ

1 ①亻・ぎょうにんべん　②ネ・しめすへん　③儿・ひとあし(にんにょう)　④阝・こざとへん　⑤走・そうにょう　⑥日・ひ(にち)　⑦穴・あなかんむり　⑧耳・みみ

考え方　まちがえやすい部首に注意しましょう。④「院」の「阝」は「こざとへん」で、よくにている「都」の「阝」は「おおざと」です。左は「こざとへん」、右は「おおざと」と、おぼえておきましょう。⑦「究」は「宀(うかんむり)」ではなく、「穴(あなかんむり)」なので、まちがえないようにしましょう。また、⑧「聞」は「門(もんがまえ)」と考えやすいですが、「耳(みみ)」ですので注意。同じように、「問」は「口(くち)」です。「門」の部首を持つ漢字は「間・開・関」などです。

2 (順不同)・(列　前)・(何　仕　代)
・(消　海　流)・(暑　昔　春)
・(医　区)・(合　向　君)
・(歌　次)・(拾　投　打　指)
・(国　図　園)・(遊　運　遠)

考え方　同じ部首を持つ漢字に分けていきましょう。答えにしめした順に、「刂(りっとう)」、「亻(にんべん)」、「氵(さんずい)」、「日(ひ)」、「匚(はこがまえ)」、「口(くち)」、「欠(かける・あくび)」、「扌(てへん)」、「囗(くにがまえ)」、「辶(しんにょう)」の各部首です。

17ページ

3 ①空　②校　③星　④絵　⑤間　⑥岩　⑦理　⑧国　⑨頭　⑩寺

4 ①言(記計語読)　②田(男町畑界)　③女(姉妹始委)　④口(員名古味)　⑤⺮(笛答等箱)　⑥心(思悲息意)　⑦木(村柱板横)　⑧日(時明暗昭)　⑨氵(洋活泳波)　⑩艹(花苦草荷)

指導の手引き　個々の部首を覚えるとともに、その部首の持つ意味(例 艹(くさかんむり)→植物)も理解させるようにしましょう。また、紛らわしい部首にも注意が必要です。

例
家・宿…うかんむり
空・究…あなかんむり
問・開…もんがまえ
聞…みみ　問…くち

5　熟語の組み立て ……………… 18ページ

1 ①エ・コ　②ウ・キ　③ア・ク　④オ・ケ　⑤イ・カ

考え方　「熟語」とは、二字以上の漢字の組み合わせでできた言葉をいいます。熟語の組み立てがわかると、その熟語の意味もだいたいわかります。③は、「木刀＝木の刀」、「歩道＝歩く道」というように考えてみましょう。④は、「読書＝書を読む」、「投石＝石を投げる」という意味になります。⑤は、「不正＝正しくない」、「未定＝まだ定まっていない」という意味です。

2 ①暗(暗黒)　②画(絵画)　③開(開始)　④転(回転)　⑤習(学習)　⑥福(幸福)　⑦助(救助)　⑧道(道路)

19ページ

3 ①近(遠近)　②親(親子)　③弱(強弱)　④苦(苦楽)　⑤他(自他)　⑥負(勝負)　⑦後(前後)　⑧始(始終)　⑨買(売買)　⑩明(明暗)

4 ①黒い板　②国の王　③強く打つ　④弱い点　⑤深い海　⑥新しい人　⑦国に帰る　⑧球を投げる　⑨火を消す　⑩車に乗る

考え方　①〜⑥は、上の漢字が下の漢字を説明するもので、⑦〜⑩は、「〜を〜する」「〜に〜する」の形のものです。このように熟語の組み立てがわかると、言葉の意味もはっきりすることを知っておきましょう。

20ページ

1 ①イ・セ・マ・ミ・ム
②ク・サ・タ・ネ・ヨ
③オ・カ・ナ・ホ・ユ
④ア・ニ・ノ・ヘ・メ
⑤ウ・シ・ス・ツ・モ
⑥エ・ケ・ソ・ハ・フ
⑦コ・テ・ヒ・ヤ・ラ
⑧キ・チ・ト・ヌ・リ

考え方 問題数が多く、内容もかなりむずかしいですが、ちょうせんしてみましょう。①～④は「標準クラス」で学習したものです。⑤は、「人造＝人が造る」、「国営＝国が営む」、「地震＝地が震う」、「頭痛＝頭が痛い」、「私立＝私(個人)が立てる」のように、主語と述語の形の組み合わせになっています。⑥は、「ない」「まだしない」という意味を表す「不・非・無・未」の字が上にきている熟語で、⑦は、「～のような」「～らしい」「～にする」の意味をそえる「的・性・然・化」の字が下にきている熟語です。⑧は、「重要文化財→重文」、「原子爆弾→原爆」、「入学試験→入試」、「特別急行→特急」、「国民体育大会→国体」のように、長い言葉を短くした熟語です。

21ページ

2 ①高校 ②国連

3 ①ウ・オ ②ア・カ ③イ・エ

考え方 三字の熟語についても、その組み立てを知っておきましょう。①は、ほかに「天地人」「雪月花」などの言葉があります。②・③は、数多くの言葉がありますので、調べてみましょう。

4 ①習 ②員 ③医 ④町

チャレンジテスト ①

22ページ

1 ①葉 ②品 ③湯 ④者

2 ①オ・ケ ②エ・ク ③ア・キ
④ウ・カ ⑤イ・コ

考え方 ②「思考＝思い考える」、「決定＝決めて定める」のように、似た意味の漢字を重ねたもの。④「県立＝県が立てる」、「年長＝年が長い(多い)」のように、主語と述語の関係になっています。

3 ①化(悪化) ②不(不安)
③性(女性) ④非(非常)
⑤未(未満) ⑥的(美的)
⑦然(当然) ⑧無(無理)

考え方 四～五年生で習う漢字がふくまれていますので、少しむずかしいと思います。それぞれの文の中で考えてみましょう。

23ページ

4 ①ア ②イ ③ア ④ウ ⑤イ ⑥ウ
⑦エ ⑧イ ⑨エ ⑩イ ⑪ウ ⑫エ
⑬ア ⑭エ ⑮ア

考え方 漢字の成り立ちを考える問題です。「象形文字」は、「山」「川」など、その物の形をかたどった漢字ですので、わかりやすいと思います。「指事文字」「会意文字」「形声文字」とは、それぞれどんなふうにしてできた漢字かを、問題文をよく読んで考えましょう。

5 ①イ ②カ ③オ ④ア ⑤ウ ⑥エ

考え方 部首の持つ意味を考える問題です。それぞれ三つの漢字に共通する意味を考えながら、あてはまるものを、あとからえらびましょう。

6 かなづかい・送りがな ……

24ページ

1 ①あ ②い ③え ④う ⑤う ⑥う
⑦お ⑧お ⑨お ⑩お ⑪お ⑫お
⑬お ⑭お

考え方 かなづかいの問題です。とくにオ列の音をのばすときに注意しましょう。ふつうは、④「おとうさん」、⑤「おとうと」、⑥「おうさま」のように、「う」をつけますが、例外として、⑦「おおい」、⑧「おおきい」、⑨「おおかみ」のように、「お」をつけるものがあります。⑦～⑭までの言葉がそれにあたります。あまり「おおく」はないので、すべておぼえましょう。

2 ①は　②は　③を　④を
⑤は(が)・を　⑥(へ)に

考え方 「ワ・オ・エ」と発音するもののうち、ほかの言葉にくっつく「は・を・へ」を正しく書く問題です。「わ・お・え」とまちがえないようにしましょう。

3 ①わる　②かす　③える　④す　⑤つ
⑥ら　⑦い　⑧しい

25ページ

4 ①あける　②あかるい　③あてる
④あたる　⑤おこす　⑥おきる　⑦おわる　⑧おえる　⑨わける　⑩わかれる
⑪あらわす　⑫おこなう　⑬しらべる
⑭かわる　⑮まるい　⑯うつくしい
⑰みじかい　⑱ちいさい　⑲たのしい
⑳すくない　㉑あたたかい　㉒ひかる
㉓はなす　㉔もちいる　㉕みのる
㉖むかう　㉗まつる　㉘あつめる
㉙したしむ　㉚おなじ

考え方 送りがなのうち、書きまちがえやすいものを多く取り上げています。漢字をおぼえるときに、送りがなも正しく書くようにしましょう。

5 (右から順に)①ら・ろ・り・っ・れ
②ば・ぼ・び・ん・べ

考え方 「守る」「遊ぶ」のような動作を表す言葉や、「美しい」「短い」のような様子を表す言葉は、使い方で形が変わります。送りがなはふつう、この形が変わる部分から送ることを知っておきましょう。

6 ①イ　②ア

考え方 「ジ・ズ」と発音するものは、ふつう「じ・ず」と書きます。ただし、「つづく」のように、同じ発音がつづくときや、「はなぢ」のように、「鼻(はな)」+「血(ち)」が合わさって、「ち」がにごったときは「ぢ」と書くことをおぼえておきましょう。

指導の手引き 送りがなのきまりとしては、活用のある語は活用語尾を送るというのが原則です。たとえば、動詞「守る」は、「守らない」「守ります」「守れば」などと活用するので、送りがなは「る」となります。「調べる」なども活用語尾の「べる」を送ります。
形容詞も、「遠い」のように「い」から送りますが、「美しい」のように、語幹が「し」で終わるものは「し」から送ります。「楽しい」「悲しい」なども同じです。

26ページ

1 ①㋐ちる　㋑とす　②㋐まれる
㋑きる　③㋐ける　㋑く　④㋐る　㋑う
⑤㋐せ　㋑い

考え方 同じ漢字でも、送りがなのちがいで、読み方や意味がちがってきます。②「生まれる・生きる」、④「通る・通う」、⑤「幸せ・幸い」など。まちがっていたら、もう一度やり直して、かくじつにおぼえましょう。

2 ①おおい　②せかいじゅう　③はなぢ
④じめん　⑤まぢか　⑥じゆう
⑦おおきい　⑧くうき　⑨いう
⑩とおまわり　⑪おうさま　⑫こおり
⑬みかづき　⑭ちず　⑮ゆのみぢゃわん

27ページ

3 ア・おこづかい　オ・おねえさん
キ・むずかしい　ク・ていねい
コ・ずつ

考え方 かなづかいでは、とくに「じ・ず」と「ぢ・づ」の使い分けと、長くのばす音の書き表し方に注意しましょう。

4 ①㋐ねる　㋑い　②㋐れる　㋑す
③㋐ち　㋑す　④㋐い　㋑かい
⑤㋐ける　㋑う

指導の手引き 「じ・ず」と「ぢ・づ」の使い分けに注意させましょう。
「ジ」「ズ」と発音するものは「じ」「ず」と書くのが基本ですが、次のようなときは「ぢ」「づ」と書きます。
①二つの言葉が合わさってできている言葉
はなぢ(鼻+血)　こづつみ(小+包み)
②同じ発音が続いている言葉
ちぢむ(縮む)　つづく(続く)

7　国語辞典の使い方

28ページ

1　①する　②行く　③開ける　④なる　⑤持つ　⑥配る　⑦反らす　⑧したがう　⑨使う

考え方　国語辞典では、言い切りの形（終止形）で出てくるので、形が変わる言葉は終止形に直しましょう。動きを表す言葉（動詞）では、母音が「ウ」で終わるのが終止形です。

2　①（さんま　たい　まぐろ）
②（いぬ　きじ　さる）
③（大阪　東京　名古屋　博多）
④（あじ　あしか　あした）
⑤（オーストラリア　オーストリア　オマーン　オランダ）

考え方　⑤外来語の長くのばす音を表す「ー」は、その前の音によってならべられています。「オーストラリア」は「オオ…」のところにならべられ、「オマーン」より先に出てきます。

29ページ

3　①×　②○　③×　④×　⑤○　⑥×　⑦○

考え方　正しい文としては、①「たどたどしい」、③「ういういしい」、④「せいだいな」、⑥「うっとうしい」などがあてはまります。

4　①チ　②ス　③キ　④ア　⑤カ　⑥オ　⑦コ　⑧ソ

考え方　まず、それぞれの漢字の読みをひらがなに直してみましょう。そして、国語辞典は五十音順にならんでいますから、さいしょの文字、二字目、三字目と、上から順にくらべていきましょう。

30ページ

1　Aあきれる　Bほめる　Cわずらわす

2　（右から順に）①1・4・2・3　②3・2・4・1　③2・3・1・4　④3・2・4・1　⑤3・4・1・2　⑥2・3・1・4

考え方　③「気候（きこう）」と「記号（きごう）」では、清音の（きこう）が先に出て、濁音の（きごう）があとに出てきます。⑤「私有（しゆう）」と「周囲（しゅうい）」では、小さく書く（しゅう）はあとに出てきます。

31ページ

3　①エ　②イ　③ウ

4　①ア　②イ　③エ　④ウ　⑤イ

考え方　①「立春」の「立」は、季節のかわりめになる、という意味で、あとの「国立・立案」などの「立」は、たてる・つくる、という意味です。⑤「発見」の「発」は、おもてに出る・あきらかにする、の意味で、あとの「発生・発病」などの「発」は、おきる、の意味です。

チャレンジテスト②

32ページ

1　①イ　②ア　③イ　④ア　⑤イ　⑥ア　⑦イ　⑧ア　⑨ア　⑩イ　⑪ア　⑫イ

2　①ア　②ウ　③ア　④ウ　⑤ア　⑥ア　⑦イ　⑧エ　⑨イ　⑩イ

考え方　かなづかいのまとめの問題です。ア〜エの「かなづかいのきまり」の内容をしっかり頭に入れておきましょう。

33ページ

3　①出かける　②寒い　③悲しい　④落とす　⑤気負う

4　①ウ→ア→イ　②イ→ウ→ア　③ウ→ア→イ　④イ→ア→エ→ウ

考え方　④少しむずかしいですが、「はは」（清音）→「はば」（清音＋濁音）→「ばば」（濁音＋濁音）→「ぱぱ」（半濁音＋半濁音）の順になります。

8　いろいろな言葉

34ページ

1　①やけ　②にわとり　③にする　④たいふう　⑤たたいた　⑥たしか　⑦ました

2　①・③・⑤・⑦

考え方　「だいこん（大根）」「すずめ（雀）」

「どらや(焼)き」「さんま(秋刀魚)」は、日本にあるものなので、ひらがな・漢字で書きます。あとのものは昔、外国から来たものなので、かたかなで書きます。たとえば、「カルタ」は、ポルトガルからつたえられたといいます。(ただし、かなり昔のことなので、現在はひらがなで書き表すときもあります。)

３ ①オ　②ウ　③カ　④イ　⑤エ　⑥ア

35ページ

４ ①ツ　②ア　③セ　④ソ　⑤ケ　⑥エ
⑦キ　⑧シ　⑨サ　⑩ク　⑪ス　⑫コ
⑬チ　⑭ウ　⑮ト　⑯テ　⑰オ　⑱イ
⑲タ　⑳カ

考え方 言葉の意味を答える問題です。数が多く、かなりむずかしいと思います。一つ一つの言葉についてゆっくり考えて、もっともあてはまる意味をえらびましょう。

36ページ

１ ①キ　②オ　③ケ　④ア　⑤サ　⑥シ
⑦イ　⑧ウ　⑨ク　⑩コ　⑪エ　⑫カ

２ ①てにす→テニス
②しょぱん→ショパン
③ろんどん→ロンドン　いぎりす→イギリス
④がらす→ガラス　がたがた→ガタガタ
⑤ちゅんちゅん→チュンチュン

考え方 外国から来た言葉、外国の人、外国の地名・国名はかたかなで書きます。また、もの音や動物の鳴き声もかたかなで書きます。

37ページ

３ ①オ　②ク　③キ　④ケ　⑤カ　⑥ウ

考え方 次のように、どれもあとに決まった言葉がくるものばかりです。①「まさか～まい」、②「ぜひ(とも)～ください」、③「けっして～ない」、④「さぞ～だろう」、⑤「まるで～ように」、⑥「なぜ～か」

４ A②・③・⑤　B①・④

５ ①弱い　②暑い　③売る　④負ける

9 ことわざ・慣用句 ……………

38ページ

１ ①エ　②オ　③キ　④ク　⑤ウ　⑥ア

考え方 ことわざは、昔から言いならわされてきた言葉で、いろいろな教えやいましめなどの意味を持っています。①「ころばぬ先のつえ」は、転んでからつえをついても、なんの役にも立たないところから、「失敗しないうちに気をつけることが大切だ」という意味を表します。ほかのことわざについても、辞典で調べてみましょう。

２ ①エ　②ウ　③ア　④オ　⑤イ

39ページ

３ ①のむ　②うしなう　③つける
④おす　⑤さす

４ ①エ　②ウ　③イ　④ア

５ ①期待　②利発　③少量　④断念
⑤上達

40ページ

１ ①ア　②ウ　③カ　④キ　⑤イ　⑥オ

考え方 ⑤「とうふにかすがい」の「かすがい」は、木と木をつなぐために使う太いくぎのことで、全体で、言って聞かせても手ごたえがなく、少しもききめがないの意味を表します。ここでは「無益」があてはまります。

２ ①イ　②カ　③ア　④キ

41ページ

３ ①ケ　②オ　③ウ　④ア　⑤キ　⑥エ
⑦カ　⑧ク　⑨イ　⑩コ

４ ①かか　②つけ　③こま　④や　⑤う

指導の手引き 慣用句は、「口が重い」「手がかかる」のように、二つ以上の言葉が一続きになって、決まった意味を表す言葉です。文字だけの意味にとらわれず、ひとまとまりの語句として意味をつかんでおくことが大切です。「口・目・手・足」など身体の一部分を使った慣用句がけっこう多いことも教えましょう。

チャレンジテスト ③

42ページ

１ ①カ・ク　②エ・ス　③コ・シ
④ア・ケ　⑤ウ・サ　⑥オ・セ　⑦イ・キ

考え方　ことわざには、「ねこに小判(こばん)」＝「ぶたに真珠(しんじゅ)」のように、同じようなことを言い表している例(れい)がかなり多いといえます。また、全く反対の意味のことを表すものもあります。ことわざは、人間や世の中のさまざまな面をたくみに言い表していて、おもしろいものです。辞典(じてん)などで調べてみましょう。

43ページ

2 ①か　②もし　③ん　④まるで　⑤ください　⑥きっと(たぶん)　⑦まったく(ぜんぜん)　⑧まさか

3 ①ロ・イ　②歯・オ　③耳・ク　④顔・ウ　⑤鼻・キ　⑥手・ア　⑦足・エ　⑧目・カ

10 主語(しゅご)・述語(じゅつご)・修飾語(しゅうしょくご) ……………

44ページ

1 ①ぼくは　行った　②ぼくは　起きる　③教室は　しずかだ　④わたり鳥が　やってくる　⑤水は　つめたい　⑥兄が　さけんだ　⑦父は　人だ　⑧スーパーが　できた

考え方　文の中で、「何が(は)」にあたる言葉が主語で、「どうする」「どんなだ」「何だ」にあたる言葉が述語です。主語と述語を見つけるときは、まず述語に注目して、それに対する主語を見つけるようにしましょう。主語や述語をくわしくする言葉(修飾語)はのぞいて、考えましょう。

2 ①イ　②ア　③ア　④ウ　⑤ウ　⑥イ　⑦ア　⑧イ

考え方　いろいろな文のもとになる三つの形をつかみましょう。述語の部分に注目して、「どうする」(動作について言っている)、「どんなだ」(様子について言っている)、「何だ」(何であるかを言っている)の、どれにあてはまるかを考えましょう。たとえば、①「あたたかだ」は様子、④「たん生日です」は、何の日であるかを言っていることをつかみましょう。

45ページ

3 ①A父は　B役員だ　C会社の
②Aおじいさんは　B元気だ　Cあの　Dすごく
③A子犬が　B走ってくる　C一ぴきの　D小さな　(C・Dはぎゃくでもよい。)
④A友だちは　B美しい　C姉の　Dとても
⑤A兄が　B合格した　C東京の　D大学に
⑥A弟は　B食べます　Cぼくの　Dハンバーグを　Eたくさん　(D・Eはぎゃくでもよい。)

46ページ

1 ①ロンドンは　よばれています　②手は　あたたかい　③漢字が　ある　④出かける　⑤いけません　⑥車が　動かなくなった　⑦開きます　⑧弟は　入っている　⑨日本列島は　長い　⑩学ぶ

考え方　④・⑤・⑦・⑩のそれぞれの文は、主語がはぶかれているので注意しましょう。「ぼく(わたし)は」、「あなた(君)は」などの主語が本来は入る文なのです。

2 ①昼から・友だちと　②今夜は・しんしんと　③ついに　④ぬいだ　⑤その　⑥きれいな　⑦時々・すがたを　⑧高い

考え方　主語や述語をくわしくしている言葉(修飾語)を見つけます。修飾語は一つだけでなく、①のように、「昼から」と「友だちと」の二つが「会う」を修飾していることもあるので、注意しましょう。

47ページ

3 ①宿題が　②言うべきだ　③つめて　④ある　⑤花が　⑥立てる　⑦買ってきた

4 ①ウ　②ア　③ア　④ウ　⑤イ　⑥ア　⑦ウ　⑧イ　⑨ア　⑩イ

11 ローマ字 ……………

48ページ

1 ①せんせい　②ともだち

③としょかん　④おかあさん
⑤どうぶつ　⑥きっぷ　⑦でんしゃ
⑧にんぎょう　⑨こんや　⑩おねえさん

考え方　③「しゃ・しゅ・しょ」などの音は、「sya・syu・syo」と三音で表されます。④「おかあさん」の「かあ」と長くのばす音は「kâ」のように「＾」をその音の上につけます。⑥つまる音は、「kippu」のように次の音を重ねて表します。⑨「こんや（今夜）」は、「konya」だと「ここにゃ」と読めますので、「n」のあとに音切りの記号「'」をつけます。

2
① hudebako　② zitensya　③ onîsan　④ senpûki　⑤ rappa　⑥ yûbinkyoku

考え方　③・④はのばす音の書き方、⑤はつまる音の書き方に注意しましょう。

49ページ

3 次のローマ字に○をつけます。
① byôin　② kitte　③ otôto　④ gakkô　⑤ Ôsaka　⑥ sansû　⑦ ôdôri　⑧ hon'ya

考え方　⑤「大阪（おおさか）」のように、地名や国名は、はじめの文字を大文字で書きます。小文字ではまちがいです。

4
①ほっかいどう　②いわてけん　③ならけん　④きょうとし　⑤たなかあきら

考え方　②・③・④県名・市町村名などを書く場合、言葉をつなぐしるしとして「-」をつけることがあります。

5
① Kyûsyû　② Tôkyô　③ Sapporo-si　④ Nippon (Nihon)

50ページ

1
① kôen　② syasin　③ hûsen　④ sekken　⑤ hyakuen　⑥ taiyô　⑦ zin'in　⑧ Okinawa　⑨ Yôroppa　⑩ ozîsan

2
①○　② tyûrippu　③ obâsan　④ koppu　⑤○　⑥ Kôbe-si

51ページ

3
① shain　② chokin　③ jûdô　④ getsuyôbi　⑤ Fu jisan

考え方　教科書などにのっている「ローマ字表」を見ればわかりますが、「し」(si[shi])、「ち」(ti[chi])の[　]内のように、ローマ字のべつの書き表し方（ヘボン式）があります。次の**4**の問題にあるように、駅の名前などで使われることがあるので、知っておきましょう。

4
①ひろしま　②ふくおか　③こうち　④ちば

5
① Kyô wa tyô(chô)rei no aru hi desu.
② Boku wa, tu(tsu)kue no ue o(wo) seiri si(shi)ta.
③ Watasi(shi) wa, tomodati(chi) o(wo) miokuri ni iku.
④ Okâsan ga, koppu ni mizu o(wo) sosogu.

考え方 日本語の文をローマ字で書き表してみましょう。文のはじめは大文字で書きます。そして、言葉はひとつづきに書き、「wa（は）」「no（の）」「o（wo）（を）」などは少しあけて書きます。「,」（コンマ）と「.」（ピリオド）はかならずつけましょう。なお、（ ）の中は、ローマ字のべつの書き表し方をしめしています。

12 説明文① ……………

52ページ

1 (1)いかなる敵もおそってこない安全な場所だから。
(2)おそってくる
(3)㋐人 ㋑へき地 ㋒海鳥たち
(4)大都会ニューヨーク
(5)イ・エ
(6)㋐東京 ㋑いろいろな鳥

考え方 (1)すぐあとに「……安全な場所だからである。」と理由を説明する文があることに注目します。(2)〜(4)と(6)は、指ししめす言葉の内容を正しくとらえる問題です。前の言葉や文に注目して、指定されている字数に合うように答えましょう。「それら」は複数のものを、「そこ」は場所を指すことにも注意しましょう。(5)前のほうの「大都会ニューヨーク」や「町には」という言葉に注意して、ハヤブサが巣を作りそうな場所をえらびましょう。

54ページ

1 (1)遊びたいという気持ちをもつこと。
(2)勉強以外の〜必要なこと
(3)学校の勉強以外のことにも興味をもつこと。
(4)天分
(5)学校の勉強をする時間と、それ以外のことをする時間。
(6)イ

考え方 指ししめす内容を正しくとらえる問題が中心になっています。少しむずかしいですが、前のほうの文に注意して、問題文をよく読みましょう。(1)一つ前の文に注目します。答えの見当がついたら、「それ」の代わりに入れてみて、文の意味が通るかどうかたしかめてみましょう。(6)筆者は「学校の勉強以外のことにも興味をもつ」のはいいことだ、とすすめています。ですので、イは本文の内容とは合っていません。

指導の手引き 指し示す言葉（指示語）は、同じ言葉や内容の繰り返しをさけて、すっきりとした文章にするためのものです。基本的には前に出た言葉や内容を指示語で言い換えています。ですので、指示内容を明らかにするときは、まず、前の言葉や文から探していくようにさせましょう。

13 説明文② ……………

56ページ

1 (1)イ
(2)①エ ②ア
(3)森林の中では、落ち葉などがくさるという大切な作用があること
(4)イ
(5)二酸化炭素

考え方 説明文では、つなぎ言葉（接続語）のはたらきに気をつけて、文章の内容を正しく読み取ることが大切です。(1)・(2)では、それぞれ前の文とあとの文がどのような関係でつながっているかをとらえます。(1)前の文の「人間が呼吸するのにも酸素が必要です。」を受けて、あとの文は「だから……森林が出してくれる酸素に期待をよせる人が多いのです。」とつながっています。前の文が理由、あとの文が結果という関係を、「だから」というつなぎ言葉がしめしているのです。(2)前の文と反対の内容があとの文でのべられていることをつかみましょう。

指導の手引き 説明文では、子どもさんがふだん見たり読んだりしないような言葉も出てきます。本書では、特に難しい言葉には＊印を付けて、問題文のあとに「語注」として解説をしています。これを参考にして内容を正しく読み取るようにさせましょう。

58ページ

1　(1)Aウ　Bア　Cエ　Dイ

(2)マンホールには四角い形がないこと。

(3)はばがかわらない形

(4)イ

(5)イ

考え方　(1)文章中のA～Dの□に、もっともふさわしいつなぎ言葉を入れる問題です。A・Bは、前の段落とのつながり方に注意しましょう。A前の段落では、「マンホールのふたが四角だったら、……落ちて」しまう、とあり、あとの文では、「まるくなっていれば、……落ちない」と反対のことがのべられています。Bそれまで「まるい形＝円」について説明してきたことから、円以外のものへと話題をかえていることに注意しましょう。C・D前の文とのつながり方を考えましょう。(2)「これ」はすぐ前の文を指していますが、そのままでは正しい答えになりません。「これ」におきかえられるように直しましょう。(4)「いつもはばが同じ」ということと、「ちょう点が七つ」ということをおさえた文をえらびましょう。

指導の手引き　つなぎ言葉(接続語)には次のようなものがあります。

①前の事柄が原因や理由になるもの(順接)
　だから・それで・すると・そこで

②前と反対の事柄がくるもの(逆接)
　しかし・けれども・だが

③前の事柄と並べるもの(並立)
　また・および・ならびに

④前の事柄に付け加えるもの(添加)
　そして・それに・さらに・なお

⑤前とあとのどちらかを選ぶもの(選択)
　または・あるいは・それとも

⑥話題を変えるもの(転換)
　さて・ところで・では

14　説明文③

60ページ

1　(1)ウ

(2)金ぞくをたたくと、のびて広がるというせいしつ。

(3)㋐たたくとのびて広が
　㋑たたくとくだけてしま

(4)Aなまり　B鉄

(5)金ぱく・アルミニウムはく

考え方　(1)つなぎ言葉の「そして」のはたらきをつかむ問題です。「そして」は、前の事がらにあとの事がらをつけくわえるときに使います。アの文は、前の事がらと反対の事がらがのべられているので、「そして」を使うとまちがいになります。ここは「しかし・けれども」などを使います。イの文は、「だから・それで」などの言葉が入ります。「そして」ではまちがいです。ウの文は、前の事がらにあとの事がらがつけくわわっているので、正しい使い方といえます。エの文は、前の事がらを言いかえて説明する「つまり・すなわち」などの言葉が入ります。

(2)「このようなせいしつを延展性といい」に注目し、「このような」が何を指しているかを読み取りましょう。また、「どのようなせいしつですか」と問われているので、答えは「……せいしつ。」と、むすぶようにしましょう。

62ページ

1　(1)エ

(2)イ・ウ(順不同)

(3)イ　(4)自然を食べて生きている

(5)自然　(6)ウ

考え方　(2)次の段落の内容に注目して、考えましょう。(4)すぐあとの「じつは自然の生き物を殺して食べて生きのびている」も答えになりますが、問いで指定している字数と合わないので、同じような内容をまとめている最後の段落からさがしましょう。(5)この文章では、「食べ物」と「自然」との関係がくり返し説明されていることに注目しましょう。

チャレンジテスト④

64ページ

1　(1)①イ　④ウ

(2)つくる

(3)①(れい)木の枝をおって、葉っぱをむ

しりとったもの。②シロアリつり
(4)生きていくため
(5)イ
考え方 (1)文中の□につなぎ言葉を入れる問題です。①は、すぐ前の段落とのつながり方を考えましょう。その段落の中に「イヌやネコが道具をつかうことなどありません。」とあって、それを受けて、「①、もう少しよくしらべると、例外がいます。」とあるので、ここは前とは反対のことをのべるときに使うつなぎ言葉が入ります。④は、前の事がらにあとの事がらをつけくわえるはたらきをするつなぎ言葉を入れましょう。
(2)文章の流れに注意しましょう。「人間は道具をつかう動物だ」ということから、「人間は道具をつくる動物だ」というように話が進められています。また、同じ段落にある「道具づくり」という言葉にも着目します。
(3)①指ししめす言葉の問題です。「木の枝」とか「葉っぱ」という答えでは十分ではありません。問いの字数指定に合うように答えましょう。

66ページ
2 (1)Aウ　Bイ
(2)①㋐インゲンマメ　㋑アリコ
②・あんまりフランス語らしくないから。
・新大陸のどこかの国のことばのようなひびきをもっているから。

(3)㋐○　㋑○　㋒×　㋓○　㋔×
考え方 (1)A「古代ローマ時代にインゲンマメがあったかなかったか」→「インゲンマメの名前はフランス語らしくない」と、話がかわっています。B「アリコ」＝「インゲンマメ」と、言いかえて説明しています。(2)②「なぜ～ですか。」と理由をきかれているときは、答えの終わりは「～から。」としましょう。(3)㋒六つ目の段落に「学者によれば、隠元禅師がもってきたのは、ほんとうはフジマメという、べつの種類のマメなのだそうです」とあるので×。㋔最後の段落に「だれがもってきたのかはよくわかりません」とあるので×。

15 物語文①

68ページ
1 (1)子ぐまを生けどりにする(こと)。
(2)はずんだ声
(3)わたし
(4)イ
(5)㋐くるみの木　㋑悲しげ　㋒鼻声
(6)別なくまがあらわれたのではないか
(7)ウ
考え方 (1)すぐあとに「子ぐまを生けどりにするために」とあります。(2)「これはうまくいきましたね」と言ったのは、だれであるかに注意します。また、会話文の前後の動作やしぐさ、表情を表す言葉にも着目します。ここでは、「荒木君は、はずんだ声で言いました。」とあります。(3)すぐあとの文に注目しましょう。
(6)登場人物がなぜそのような行動をとったのかを読み取りましょう。ここでは、少しあとのほうにその理由が明らかにされています。
(7)「岩もはりさけるような」はたとえの表現です。とても大きく、人の心にせまってくるような声を表しています。この声の主は、子ぐまのことを心配する親ぐまであったことがあとでわかります。

70ページ
1 (1)昭広
(2)ア
(3)㋐はら　㋑へる　㋒一生けん命
㋓くつがへる　㋔はだし
(4)その点、貧～てもいい。
(5)ウ
考え方 「ばあちゃん」と「おれ」の会話がとてもおもしろい物語です。ふつうでは考えられないようなことを言う「ばあちゃん」と、それを聞く「おれ」の気持ちをていねいに読み取りましょう。
(1)ばあちゃんの言ったことの中に、主人公の「おれ」の名前が出てきます。「ちょっと昭広、もうひとつ。」(2)おれの言ったことと、ばあちゃんの言ったことから考えましょう。おれは、「一生けん命、走ったらダメ」「はら、へるから」というばあちゃんの言葉の意味がよくわからず、納得できないでいます。(5)「ああ、貧乏で良かった」というばあちゃんに対して、「おれ」はもうあきれはてて、まともに返事する気力をうしなっていることを読み取りましょう。

指導の手引き 物語文では、登場人物の会話が大切な役割を果たしています。人物の考えや気持ちが会話の中に表れているからです。会話文を読むときは、次のことに注意させましょう。

①だれが話した言葉かを、会話の前後からつかむようにします。

②会話の内容とともに、発言者の動作やしぐさ、表情を表す表現に注意して、その気持ちを読み取るようにします。

例・はずんだ声で言いました。
・下を向いたまま謝った。
・ふわっと笑った。

16 物語文②

72ページ

1 (1)しかやしし〜きました。
(2)㋐さる　㋑ばくはつする
(3)赤いろうそくを木の枝にくくりつけた。
(4)だれも花火に火をつけようとしなかった(こと。)
(5)星をふりまくように

考え方 (1)動物たちは「(花火を)まだいちどもみたこと」がなかったから、どうしたか。動物たちのしたことが書かれている文を見つけましょう。(2)「しりごみ」は、あとずさりすることや、ためらうことを表します。そうしたのは、直前のさるの言葉におどろいたからです。問いの六字という字数指定に合うようにぬき出しましょう。(3)このあとの文章を読み進めて、「さる」が主語となった文をさがします。(5)「〜ように」というたとえを表す言い方に目をつけましょう。

74ページ

1 (1)㋐ごん　㋑ひとりぼっち
㋒(れい)さびしかった
(2)ほっとして
(3)ウ
(4)イ

考え方 (1)直前の文に「ごんは、ひとりぼっちの小ぎつねで」とあることに注目しましょう。ごんは、「ひとりぼっち」で「さびしかった」から、人間の住む村へ出てきて、いたずらばかりをしていたのだと思われます。(2)次の段落のはじめに「雨があがると、ごんは、ほっとして……」とあります。(3)・(4)場面の様子を思いうかべながら読みましょう。秋の日の雨上がりの川べりの様子、川の中で一心にさかなをとる兵十の様子などが、「ごん」の目を通して生き生きとえがかれています。

17 物語文③

76ページ

1 (1)おかしな格好
(2)彼がうでを一本しか使わずに泳いでいるということ。
(3)ア
(4)ウ
(5)えたいの知れないエネルギー

考え方 「ぼく」の言動と、それに対する「彼」の言ったこと、したことに注意して、「ぼく」の心の動きを読み取りましょう。(1)少しあとの「そんなことより問題は、……」の文に注目して、字数に合うように答えましょう。(2)「どんなことに気づいたのですか。」という問いなので、答えるときは文末を「……こと。」とします。(3)「体中がかっと熱くなる」のは、たいへんはずかしいときや、腹が立ったときなどです。ここでは、左うでがない彼を「ぶしつけにじろじろと」見つめていた「ぼく」のたいどがどうだったかを考えましょう。(4)彼に対して、「下を向いたまま謝ったが」、どんな言葉で謝ればいいかわからないという、「ぼく」のとまどいの気持ちです。

78ページ

1 (1)㋐相手　㋑声　㋒言いかた
(2)(れい)新田の空気が青波の身体にいいということ。

(3)(れい)自分がランニングの途中で誰かと会っていた、ということが、どうしてわかったのかということ。
(4)㋐母さん ㋑兄

考え方 (1)青波の次の話し言葉から答えになる文を見つけましょう。(2)直後の青波の言葉の中に、ママの言ったことが引用されています。「新田の空気が身体にええ」というのがそのママの言葉ですが、これではよくわからないので、「青波の」という言葉をおぎなって答えましょう。「ぼく、よう学校休むけん」などの言葉から、青波は体が弱いことがわかります。(4)弟の青波はお母さんのことだけではなく、兄である自分のこともよく観察していることに、巧はおどろいているのです。答えの㋐は「母さん」「ママ」、㋑は「兄ちゃん」などがあてはまりますが、ここでは指定の字数に合う言葉を入れましょう。

チャレンジテスト ⑤

80ページ

1 (1)①ア ②ウ ③イ
(2)㋐体育の時間 ㋑クラス全員で謝り
(3)⑤カコ・てっちゃん ⑥湯原・久野
(4)①ケンカをしているというより、仲良くしているようにしか見えない様子。
②㋐子犬 ㋑じゃれあって

考え方 会話が中心になっている文章です。だれがどんなことを言って、それに対して相手がどう答えているかに注意して読みましょう。(1)直後の「カラスの羽みたいに真っ黒ってこと。」という言葉から、③には「イ カラス色ってなんだよ」が入ることがわかります。③が決まれば、②はウ、①はアという受け答えが読み取れます。(3)この文章の前のほうに「カコとてっちゃん」、それから「湯原、久野コンビ」という名前が出てきます。この四人によるケンカみたいなやりとりがずっとつづいていることに注意しましょう。

82ページ

2 (1)大きくて、ごつごつしているところ。
(2)ウ (3)㋐今日 ㋑ひと部屋
(4)・「青波。巧 ・「おかしい
(5)ウ

考え方 この文章は、巧、青波の兄弟とそのお母さんが、おじいさんの家をたずねる場面です。「お母さんが(は)」というような言葉は出てきませんが、四人の会話から、お母さんが話していることがわかるところがあります。四人がそれぞれ言ったこと、したことに注意して読みましょう。
(1)すぐあとの青波の言葉に注目しましょう。
(2)「おもしろい」には、①「おかしい・こっけいだ」、②「きょうみ深い・心ひかれる」の二つの意味があります。ここでは②の意味で使われていることに注意します。(4)「青波。巧。おじいちゃんよ」は、お母さんが子どもたちにおじいさんをしょうかいしている言葉です。また、「おかしいでしょう、この子。……」は、青波のことを指して言っています。「…言うの。」「おろしてね。」などの文末の言い方にも注目しましょう。

18 説明文 ④ ……………

84ページ

1 (1)花火
(2)火の芸術品
(3)㋐えんの深い ㋑花火の技術
㋒外国 ㋓輸出
(4)①一五四〇 ②イタリア ③天正
④ヨーロッパ ⑤江戸 ⑥技術
(5)イ

考え方 「段落」というのは、文章をいくつかのまとまった内容に分けた、そのひと区切りのことをいいます。次の段落は行をあらため、一字分下げて書きはじめます。文章を読むときは、段落ごとに大事な点を落とさずに読み取るようにしましょう。
(1)文章全体を通じて、「花火」のことについてのべられていることをつかみましょう。(3)第一段落の大事な点をまとめる問題です。答えになる文の空らんにあてはまる言葉を入れます。空らんの前後の言葉を本文からさがしていくと、見つけやすくなります。(4)第二段落の大事な点を表の形でまとめる問題です。

説明文などでは、このような形でまとめると、書かれている内容をわかりやすく整理することができます。(5)の答えも表を見れば、「イ花火のおおまかな歴史」であることが納得できると思います。

86ページ

1 (1) 2

(2)ア落とす　イころがって　ウ使えないところ　エむだ

(3)ウ

(4)アこわれにくい　イひっかからずにすむ　ウ大きさ　エ金がく

(5)たとえば

考え方　段落ごとに大事な点を読み取り、段落と段落のつながりを考えながら読み進めましょう。(1)文章の中で、筆者が読み手に問いかけている段落を見つける問題です。これからのべることを読み手にしめし、注意してもらうための書き方です。文末を「～でしょうか。」というような問いかけにしていることが多いことを知っておきましょう。(5)具体例をあげてわかりやすく説明しているところを見つける問題。段落のはじめにある「たとえば」という言葉に注目します。

指導の手引き　説明文の読み取りでは、段落と段落のつながりを考えながら、文章の組み立てをつかむことが大切です。基本的な組み立ては次の通りです。

①書き出し…これから説明しようとする事柄を読者に示そうとする部分。「なぜ、……でしょうか。」のような問いかけの形をとることも多い。

②本文…事実や具体例、筆者の考え方などを詳しく説明している部分。

③結び…事柄についてまとめたり、筆者の感想や意見がまとめて書かれている部分。

このあとも、子どもさんにとって興味深い説明文がたくさん出てきますので、基本的な文章の組み立て方を頭に入れて、文章を読み取るようにさせましょう。

19　説明文⑤ ……………………

88ページ

1 (1)(段落の番号) 1

(「問いかけ」の文)おちちをしぼる牛は、一年じゅうおちちをだしているのでしょうか。

(2)牛のおちちをしぼったもの

(3)しかし、牛

(4)赤ちゃん牛が飲むはずのおちち

(5)アおちち　イ二か月　ウ新しい　エ二百八十日

考え方　(1)第一段落に注目して、「おちちをしぼる牛は、…でしょうか。」という問いかけを見つけましょう。(3)第二段落のあとのほうにある「しかし」という言葉に着目します。その前とあとでは話題がかわっています。(5)第五段落の内容をしっかり読み取りましょう。とくに「二か月」「十か月」「二百八十日」などの日数を表す言葉に注意しましょう。

90ページ

1 (1) 1→4→3→2

(2)ア

(3)ア親　イ危険　ウ安全　エ兄弟姉妹　オ共だおれ

考え方　(1)文章の組み立てを考える問題です。段落の順番をわざとかえてあるので、段落と段落のつながりを考えて正しくならびかえます。1の段落はそのままなので、これにつづく段落を考えましょう。1の段落は、植物の中には夕ネを遠くへ飛ばすものがあることをのべています。これを受けて、4となっている段落で、「なぜ植物は、……自分から遠ざけようとするのでしょうか。」というぎもんを投げかけています。その理由を説明しているのが3の段落で、はじめに「それにはいくつかの理由が考えられます。」とのべていることに注目しましょう。その二つめの理由を説明しているのが2となっている段落です。つまり、1→4→3→2となるのが正しいならび方です。(3)文章の組み立てでわかるように、3の段落と2となっている段落から大事な点を読み取って答えましょう。

20　説明文⑥ ……………………

92ページ

1 (1)地球の年れい(について)
(2)地球の温度
(3)①はじめ溶けていた地球が、だんだん冷えていって今の地球の温度になるためには何年かかるか、という計算
②短くて二〇〇〇万年、長ければ四億年
(4)イ
(5)四十六億年

考え方 (1)筆者が読み手に問いかけている文を見つけだしましょう。(2)次の段落のはじめの文に注目します。(3)①ケルビンがどのような計算をしたのかが、すぐ前の段落で説明されていることを読み落とさないようにしましょう。(4)「地球科学者」の一例として、「化石を研究している科学者」をあげています。(5)――線④をふくむ文を読み進めていきましょう。

94ページ

1 (1)①天動説…わたしたち～動いている
②地動説…中心には太～回っている
(2)夜空の星全～むずかしい
(3)㋐わく星　㋑六　㋒天王星
(4)㋐めい王星　㋑わく星　㋒議論

考え方 (1)「天動説」は二段落目、「地動説」は三段落目にまとめられています。(2)三段落目の「～正確に説明するのがむずかしい」というところが、「不都合な点」にあたることに注意しましょう。(3)――線③の前後に、「ため」「から」という理由をしめす言葉があります。(4)直後に説明されています。「さわがしい」＝「議論」に気づきましょう。

チャレンジテスト⑥

96ページ

1 (1)Aイ　Bエ　Cウ
(2)(世界地図の)アフリカ大陸と南アメリカ大陸とを切りぬいてならべると、ほぼぴったりとくっついてしまうということ。
(3)広大な大西～かに高い。(るかに高い)
(4)ア　(5)9・10

考え方 (3)「このような」は、同じ段落の、前にのべていることを指しています。(4)ウェゲナーの考えを説明している第3段落に、「もともと世界中の大陸は、みな一つにまとまっていた」とあり、直前の第9段落にも「……元はひと続きだった」とあることに注目しましょう。

98ページ

2 (1)ア
(2)①完全そうびの海底戦車
②自分の身を外敵から守る
(3)ウ　(4)6

考え方 (1)2～4の段落は、カブトガニのとくちょうや、生活のしかた・生命力について説明しています。5・6の段落は、1段落でのべたカブトガニの現状をさらにくわしく説明して、自然破壊のために「その生存がおびやかされている状態」であることがのべられています。ですので、1→2・3・4→5・6の大きなまとまり(意味段落)に分けることができます。(4)6段落のさいごの「せめて彼らの保護者になってやろう」という筆者の思いに注目しましょう。

指導の手引き 形式段落と意味段落の違いは、次の通りです。
①形式段落…行を改め、一字分下げて書き始めている段落。
②意味段落…内容のまとまりを中心にして分けた段落。
つまり、意味段落は、一つ一つの形式段落を、内容によってもう一つ大きなまとまりとして分けたものといえます。

21 物語文④ ……

100ページ

1 (1)それからし
(2)よひょう・つう(順不同)
(3)雪の中から～した女の人
(4)エ
(5)ひとばんのうちにだれも見たことがない美しい布をおりあげることができるというもの。
(6)つる

考え方 (1)場面のうつりかわりは、「時間・場所・登場人物」の変化に注目しましょう。ここでは、「それからしばらくした、あるばんのこと…。」(←日時の変化)から、場面がかわっていることに気づきましょう。(2)登場人物の名前とともに、それぞれの人物の様子や人がら、したことにも注意して読み進めましょう。(3)「雪の中から……色の白い、ほっそりとした女の人」という表現から、なんとなくつるのすがたが思いうかぶような感じがすることにも注意します。

1 102ページ

(1)㋐つやつや　㋑ピアノ　㋒指のあと

(2)ウ

(3)きょ大な歯

(4)イ

(5)㋐男の子　㋑ピアノ

考え方 (1)——線①の直前の「それは」が、何を指しているかをつかみます。(3)たとえを表す「……ような(に)」という言い方に注目しましょう。(4)「ピアノがきらい」「手ごわい(＝なかなか勝てないほど強い)」などの言葉に気をつけて、あてはまる言葉をえらびましょう。

22 物語文⑤ ……………………

1 104ページ

(1)㋐しかられ　㋑自分で正しい

(2)それが今

(3)イ

(4)ア

考え方 耕作の気持ちのうつりかわりをていねいに読み取りましょう。(1)すぐ前の(　)の中の文に注目します。耕作が心の中で思ったことが書かれています。(2)少しあとに「それが今、権太に言われて、はじめて……気がついたのだ。」という文があります。(4)本文の11行目「権太の言葉を納得したとたん、耕作はがんとほおをなぐられた思いがした。」という文に注目しましょう。いつもほめられたいと思ってきた耕作は、権太の言葉を聞いて、「自分のどこかがまちがっていること」に気がつき、ショックを受けているのです。そして、そんな思いで、権太のきっぱりとした行動を見ると、耕作は自分のことを「内心恥ずかしい」と感じるのです。ですので、耕作の気持ちの変化は「ア　納得→ショック→恥ずかしい」が正しい答えとなります。

1 106ページ

(1)Aウ　Bイ

(2)㋐かぶと虫　㋑おもしろい

(3)ウ

(4)ア

考え方 (2)すぐあとの段落には、子どもたちに「特別に尊敬」されている安雄さんのことがくわしく書いてあって、その次の段落で、「小さい太郎」が安雄さんに会いに行く目的が書かれていることに注意しましょう。(3)車大工のおじさんが、きびしい口調で安雄さんに仕事を教えている様子や、「一生けんめい」な安雄さんの様子から考えましょう。(4)今まで、子どもたちといっしょに遊んできたときの気持ちと、これからは仕事をおぼえて、大人の世界でがんばろうというときの安雄さんの気持ちを考えましょう。

指導の手引き 物語を読むときに、登場人物の気持ちの動きや、移り変わりに注意して読むことは、とても大事なことです。人物の考えや気持ちが表れる会話や、人物の気持ちを直接表す言葉に気をつけるとともに、人物の態度・表情、行動などを描く表現から、気持ちの変化をとらえるようにさせましょう。

23 物語文⑥ ……………………

1 108ページ

(1)ウ

(2)(れい)風がふいて木々の葉がこすれ合い、かすかな音をたてること。

(3)ほたる

(4)・ぼうっと、　・そのすぐそ

(5)㋐音の消えたクリスマス　㋑この世ではないお祝いごと

考え方 夜のお墓に来ている場面であることをとらえましょう。

(2)たとえの表現の問題です。「笑う」から「音をたてている」と言いかえられるかどうかがポイントとなります。次に、葉が音をたてるのはなぜか、とイメージをふくらませて答えをみちびいていきましょう。また、あとに「風だって吹いているのに?」とあることにも注目します。(4)「その不思議な明かり」とは何を指しているかをとらえましょう。すぐ前の二つの文に注目。(5)不思議な明かりが点滅をくりかえす様子を、何にたとえているか。「〜みたい」というたとえを表す言い方にも注目しましょう。

1 110ページ

(1)歌・テントのはり方

(2)(れい)水かげんがわからず、ごはんをこがしてしまった。

(3)①自分自身のかげぼうし　②大入道

(4)イ

考え方　(1)はじめの両親の会話からさがします。(2)お母さんの二つ目の会話「あたしも水かげん、だれかに教えてもらいましょう」と、ユミの一つ目の会話「あしたの朝も、おこげのごはん?」から、答えを作っていきましょう。(3)①直後の段落から読み取ります。②最後のほうの、父の行動「大入道にむかって両手をあげた」と、「ぼく」とユミの行動「ぼくもユミも、父さんのまねをして、自分のかげぼうしに大声でさけぶ」から、「大入道＝かげぼうし」であることをつかみましょう。

(4)慣れないながらも、キャンプを楽しんでいる家族の様子をとらえましょう。

チャレンジテスト⑦

1 112ページ

(1)ウ　(2)イ

(3)㋐タヌキ　㋑モゾモゾ動きまわっ

(4)見つかった

考え方　(1)「首をふる」は、ちがう・そうではない、ということを表す動作です。直後の三人の会話から、タヌキのことを知られたくない、見られたくないという気持ちが読み取れます。(2)「ぼく」と言いかけてから「おれ」と言い直しているところから、自分はしゃべっていないことをきっぱりと言おうとする気持ちが読み取れます。(3)直後の文や会話に注目します。答えを書くときは「あいつら」ではだれのことかわからないので、「タヌキ」とはっきり書きましょう。(4)だれかが、タヌキにえさをやっているあとをいくつも見つけた場面です。すぐ前の「……ごはんのこびりついた新聞紙も見つかった。」から考えましょう。

2 114ページ

(1)二つ目…さっちゃん
三つ目…ある日のこ
四つ目…さて、あく

(2)Aエ　Bア　Cウ　Dイ

(3)ア×　イ○　ウ○　エ×　オ×

(4)銀色の小さなさかな

(5)(れい)拾って帰ったさかなが美しく、とても食べる気になれなかったから。

(6)青空のしずくが花になったような青さ

考え方　(1)場面の変化は、「時間・場所・登場人物」に気をつけましょう。「さっちゃん」(登場人物)、「ある日のこと」「さて、あくる朝」(時間)というように、場面がうつりかわっています。(2)様子やていどを表す言葉を空らんに入れる問題。前後の言葉に注目しましょう。(3)アは、「村の真ん中」がまちがいです。「村のすみっこ」とあります。エは、「七つの道具」でなく、「七つ(七才)」です。オは、さっちゃんがさかなを見つけようと浜辺を歩いているので、まちがいです。(6)たとえを表す「……ような」という言い方に注目します。

24 詩・俳句を読む ……

1 116ページ

(1)ウ　(2)イ　(3)強い

考え方　(1)詩の中のひとまとまりを「連」といいます。文章中でいうと「段落」にあたります。ふつうならつづけて書くところを、まとまりをつくって、印象や感動を強めています。(2)「船長」らしさを表すものと考えましよう。⑶詩の表現のしかたにはいろいろな工夫があります。その一つが「くり返し」です。同じ言葉をくり返して、強調し、リズムを作っています。この詩では、「風は……とってゆく。」がくり返されて、「煙」「口笛」からもっと重い物「帽子」「旗」が順番にならべられています。そのことによって、風もだんだん強くなっていく様子が表されています。

117ページ

2 ①秋　②冬　③春　④夏　⑤春　⑥冬
⑦夏　⑧秋　⑨春　⑩夏

考え方　俳句は、五・七・五の三句、十七音でよまれる、もっとも短い定型詩です。俳句には、かならず季節を表す言葉をよみこむことになっています。これを季語といいます。この季語を手がかりにして、俳句によまれている季節感や内容を読み取り、味わいましょう。①～⑩の俳句の季語を春・夏・秋・冬の順にしめすと、次のようになります。
(春)蛙・梅・桜
(夏)五月雨・花いばら・蟬
(秋)名月・柿
(冬)こがらし・枯野

3 ⑴①ウ　②オ　③イ　④ク　⑤ケ

考え方　「万緑の中や……」の俳句の季語は、「万緑」で、季節は「夏」です。草木の葉が一面に緑色にそまり、生命感あふれる季節と、白くて小さい歯が生え始めた子どもの成長が対比されていることに気づきましょう。

118ページ

1 ⑴(れい)たこが空高くのぼり、自分を見下ろしてふんぞりかえるような様子。
⑵第二連…イ　第三連…ア

考え方　この詩は、空にまい上がった「たこ」を生き物、人間のようにみたてて、「たこよ」とよびかけています。このほかにも、「いばる」「ふんぞりかえる」というように、人間以外のものを、人間のことのようにたとえた表現のしかたを「擬人法」といいます。空に上がった「たこ」のどんな様子をたとえているか、思いうかべてみましょう。

119ページ

2 ⑴①(季語)咳　(季節)冬
②(季語)赤とんぼ　(季節)秋
③(季語)甲虫　(季節)夏
⑵③
⑶㋐子　㋑母親
⑷ア

考え方　春・夏・秋・冬、それぞれの季節の俳句を一つずつ取り上げています。季語に注意して、季節感と内容のおもしろさをとらえましょう。⑵夏の虫といえば甲虫です。つながれている糸が「まっすぐ」になるほど、強くひっぱっている甲虫の様子を思いうかべましょう。⑷一面の菜の花畑で、東を見ると月がのぼり、西を見ると夕日はしずみかけている、という春の夕暮れの広々とした景色をよんでいます。ですので、アの「朝日がいっぱいさす様子」はまちがいです。

指導の手引き　俳句でよまれる季語は、「歳時記」という本に、四季別に分類して解説されています。季語は、もともと旧暦によっているので、現在の季節感と多少ずれのあるものもあるので、注意が必要です。本書に出てくる季語を中心に主なものを次にあげておきましょう。(117ページの2・3の俳句の季語は除きます。)
(春)雪解け・雀の子・若鮎・蝶・春の海
菜の花・すみれ・雛祭り
(夏)梅雨・夕立・短夜・涼し・若葉
時鳥・蛍・甲虫
(秋)天の川・月・霧・露・夜寒・花火
赤とんぼ・鹿・朝顔・菊
(冬)木枯らし・時雨・雪・氷・布団
咳・スケート・大根・落葉

25 いろいろな文章 ……………

120ページ

1 ⑴キャンプのじゅんびをするため。
⑵四人
⑶らいしゅう
⑷おりたたみ式のテーブル・コンロ・すみ・紙コップ・紙皿・わりばし・ジュース・水・おかし
⑸台車

考え方 日記文です。その日したことやあったこと、思ったことなどを自由に書きます。日付も書きます。(2)「ぼく」と父・母・弟の四人です。(3)はじめに「今日は、らいしゅうのキャンプの……」とあります。

2 121ページ

(1)行ったら→言ったら
(2)(れい)おじいちゃんのところで、カブトムシをとったこと。
(3)行きたいです
(4)では(それでは)
(5)たける〈ぼく〉(から)おじいちゃん(に)

考え方 手紙文を読んで、書き方の大切な点をつかみましょう。手紙文のおおまかな組み立ては、はじめのあいさつ、本文、終わりのあいさつという順になっています。相手につたえたいことをはっきりさせて、心をこめて書きます。また、かなづかいや漢字のまちがいなどがないように注意します。(1)同じ読み方でも意味のちがう漢字に気をつけます。「友だちに……いったら、」ですので、「行ったら」はまちがいです。(4)終わりのあいさつの言葉です。話題がかわるので、「では」「それでは」などの言葉を使います。(5)いちばんはじめに「おじいちゃんへ」とあります。答えは「おじいさん(に)」でもいいです。最後に手紙を出した人の名前が書いてあります。

指導の手引き 手紙文の書き方はだいたい次の通りです。
- 前文(初めのあいさつ)…書き出し、時候のあいさつなど。
- 本文(手紙の中心になる部分)…用件、伝えたいことなど。
- 末文(終わりのあいさつ)…結びの言葉、結語(敬具・草々など)。
- あとづけ…日付・自分の名前・相手の名前。

小学生では、あまり形式ばらずに、伝えたいことをはっきりさせて、ていねいに書くようにさせたいものです。

1 122ページ

(1)一日の餌は～ともない。
(2)マダガスカルのカブトムシ
(3)イ
(4)(れい)・歯…ノコギリのようにするどくて、カブトムシの体にかみつくとぬけないように打ちこみ、ハサミのようにかみさくという特徴。
・指…指先が吸盤になっており、カブトムシのツルツルの体にでもピタッとすいつく特徴。
(5)ウ

考え方 (1)記録文です。正確に読み取りましょう。すぐあとの二つの文に注目。理由は一つだけではないので注意しましょう。(3)「アイアイ」については、本文中ではくわしくふれていないので、ネズミキツネザルの歯と指がどんな役割をしているかを考えましょう。(4)答えはれいとしてしめしています。意味が合っていれば、言葉が少しちがっても正しい答えとします。(5)「一役かう」は慣用句で、一つの役割をすすんで引き受けるという意味を表します。

チャレンジテスト⑧

1 124ページ

(1)(れい)㋐ねえやにせおわれていること。(「姉やに背負われていること。」でもよい。)
㋑赤とんぼ
(2)エ　(3)ウ　(4)秋

考え方 (1)「負われて」の「負う」は、ここでは「人や物をせなかにのせる」という意味です。「負われて見た」は、小さいころ姉やにせおわれて、赤とんぼを見たという意味になります。(2)「まぼろし」は、じっさいにはないものがあるように見えることです。ここでは、おさないころの思い出なのではっきりしないことを表します。(3)第一連と四連は、赤とんぼを見ている現在の場面で、第二連と三連は、おさないころのできごとを思い出している場面です。(4)「赤とんぼ」は、秋にむれをなしてとんでいるのをよく見かけます。

2 125ページ

①イ ②オ ③ア ④ク ⑤カ ⑥ウ
⑦キ ⑧エ

考え方 ⑤の「朝顔につるべとられてもらい水」の句が少しむずかしいと思います。句の意味は次のとおり。

　つるをのばした朝顔が、井戸のつるべにからみついて、水をくめない。つるをほどけばいいのだが、それもかわいそうなので、となりに水をもらいに行く。ですので、答えは**カ**「かわいそう」があてはまります。

仕上げテスト①

1 126ページ

①ウ ②エ ③イ ④ア ⑤ウ ⑥エ
⑦ウ ⑧ウ ⑨エ ⑩イ

考え方 熟語の組み立ての問題です。組み立てが他とちがうものを一つえらびますが、それぞれどういう組み立てかを明らかにしましょう。①は、「児童」が似た意味の漢字を重ねたもので、他は「川岸」（川の岸）のように、すべて上の漢字が下の漢字を説明するものです。

②は、「着席」が「〜に〜する」の形のもので、他はすべて似た意味の漢字を重ねたものです。

③は、「教育」が似た意味の漢字を重ねたもので、他は「前後」のように、すべて反対の意味の漢字を重ねたもの。

④は、「未満」が、上の字が下の字の意味を打ち消すもので、他はすべて「〜を〜する」「〜に〜する」の形のもの。

⑤は、「強化」が下に「化・的・性」などがつくもので、他はすべて上の字が下の字の意味を打ち消すもの。

⑥は「利害」、⑦は「予防」、⑧「演奏」、⑨は「尊敬」、⑩は「関心」が、それぞれ他とちがう組み立てになっているので、もう一度たしかめてみましょう。

2 ①エ ②ケ ③ア ④ク ⑤カ ⑥イ
⑦コ ⑧ウ ⑨オ ⑩キ

考え方 次の慣用句に注意します。（　）内はあてはまる言葉で、全体の意味もしめします。

②「（竹馬）の友」…おさな友だち。

⑤「（板）に付く」…仕事になれて、ぴったり合ったようになる。

⑦「（味）をしめる」…一度うまくいって、その気持ちがわすれられないで、またやりたくなる。

⑨「（音）を上げる」…苦しさにたえきれず、声を出す。

3 127ページ

①境内（ケイダイ） ②権化（ゴンゲ）
③最期（サイゴ） ④作物（サクモツ）
⑤都合（ツゴウ） ⑥使役（シエキ）
⑦流転（ルテン） ⑧出荷（シュッカ）
⑨旅客（リョカク） ⑩貴重（キチョウ）

4 ①とりつく ②長い ③鼻 ④言わぬ
⑤あいづち ⑥足

考え方 それぞれのことわざ・慣用句の意味は、次のとおりです。

①とりつく島もない…相手がぶあいそうで、近よる手がかりがない。

②長いものには巻かれろ…力のあるものには、さからわずにしたがったほうが得である。

③鼻が高い…じまんする。とくいである。

④言わぬが花…言葉にして言ってしまうと、ねうちがなくなる。

⑤あいづちを打つ…人の話に調子を合わせる。

⑥足が出る…用意していたお金では、足りなくなる。

5 128ページ

①イ ②ウ ③イ ④ア ⑤ウ ⑥イ
⑦ア ⑧ウ

考え方 「ア 何が（は） 何だ。」と、「ウ 何が（は） どんなだ。」のちがいをしっかりつかみましょう。⑦「今日は始業式です。」はアですが、⑧「この山道はとても危険だ。」はウなので、注意しましょう。

6 ①ぬる ②使いましょう ③ふってきた ④開店します ⑤問題が ⑥洋食が ⑦着た ⑧見ている ⑨日は ⑩平原を

考え方 ①と⑩の文に注意しましょう。

①「ペンキを　ベンチに　ぬる」の「ペンキを」は、「ぬる」にかかります。この場合、

「ベンチに　ペンキを　ぬる」と、言葉の順番を入れかえても意味は通じます。ところが、⑩「どこまでも　つづく　平原を　走る。」は、「どこまでも　平原を　つづく　走る。」では意味が通じません。つまり、「つづく」はすぐ下の「平原を」にかかっているのです。

7 129ページ

①あんしん　②どうぶつ　③てにもつ
④ようもう　⑤さだ　⑥しゅくだい
⑦ちょうれい　⑧つ　⑨こうてい
⑩きょねん

8 ①動　②運　③駅　④乗　⑤打
⑥文集　⑦待　⑧横笛　⑨安　⑩石炭

仕上げテスト ②

1 130ページ

(1)いつまでた　(2)わたしが先　(3)イ
(4)㋐エレベーターの乗り場
㋑エスカレーター
(5)ウ

考え方 この物語は、したこと・見たことや、起こったことにつれて、「わたし」の気持ちがゆれ動いていく様子がえがかれています。そこに注意して読みましょう。
(1)時間がかなりすぎたことを表す言葉に注目します。→「いつまでたっても」(2)このあとの、「わたし」が考えているところをさがします。(3)すぐあとの(　)の中の文と、その次の「ますます、心がうきうきしてきた。」から考えましょう。なお、この文章には、(　)でくくった文が四つ出てきますが、これらは、「わたし」が心の中でつぶやいたこと、思ったことを表していることに気をつけましょう。(5)「わたし」の気持ちのうつりかわりを読み取ります。前半の場面では「心がうきうきしてきた」、後半の場面では「わたしひとりがとり残されているみたいだった」に着目しましょう。

2 132ページ

(1)こんにち
(2)Aア　Bウ　(3)自然
(4)(れい)太陽系のわく星などについて分かってきた新しいこと。
(5)ウ　(6)ウ

考え方 (1)「今日」には、「きょう」と「こんにち」の二つの読み方があります。ここでは「げんざい。今の時代。」という意味で使われているので、「こんにち」と読みます。(2)前の段落とのつながりを考えましょう。Aは、直前の段落が理由をのべていて、あとの段落がその結果をのべています。Bは、直前の段落でのべたことを、あとの段落で具体例をあげて説明しています。(4)「分かってきた」「新しいこと」という言葉を落とさないように、答えを書きます。(5)「きれい」には、①美しい、②よごれがない、③すっかり、などの意味があります。ここでは③の意味で使われています。

仕上げテスト ③

1 134ページ

(1)(れい)ゾウたちが沼地で水を飲んでいると、いきなり狩人たちがてっぽうでうってきたということ。
(2)森じゅうが　(3)イ
(4)(れい)狩人たちに、てっぽうでうたれて死んでしまったということ。

考え方 (1)直前の「ダダン　ダダダ、ダダン」が何の音を表しているかを考えます。また、少しあとのほうの「ゾウ狩りの狩人たち……」「てっぽうをかまえています」とあるところから、この場面でのできごとをとらえましょう。(2)答えの文の「森じゅうが、……にげはじめました。」は、本来の意味からすればおかしいので、たとえの表現であると考えましょう。なお、もっとあとのほうに「そのあいだに、ゾウの群れは、ドスドス、バリバリと、木をおりくだいたり……」という文があります。これも答えの一つとしてもよいので、文のはじめの五字(「そのあいだ」)も正しい答えとします。(4)少し前のほうに、年とったゾウが「たおれては起きあがり、きずつきながらも」とあるところから、てっぽうでうたれて、深いきずをおっていることが読み取れます。

2 136ページ

(1)Aア　Bイ

(2)(れい)夜行性のものが多く、色を識別する能力がほとんど必要なかったから。

(3)チョウが自分の色やもようを、仲間のコミュニケーションに使うこと。

(4)①ハニーガイド

②花が昆虫に蜜のありかを教えるため。

(5)イ

考え方　(1)前の文とのつながり方を考えます。Aは、前の文と反対の事がらがあとの文でのべられています。Bは、あとの文が前の文の内容を説明しています。(4)「花が昆虫に蜜のありかを教えているハニーガイドとも呼ばれるもようだ」に注目します。

仕上げテスト ④

1 138ページ

(1)㋐マラソン　㋑優勝　㋒優勝こうほ

(2)風もなく、よく晴れたおだやかな(天候。)

(3)(れい)スタートと同時にトップに飛び出し、そのままスピードをゆるめず、まわりの者がだつ落するのを待つという作戦。

(4)お

(5)①イ

②(れい)テニス部の男子がうしろにさがっていたこと。

(6)イ

(7)歯

(8)㋐苦しく　㋑走った　㋒大差

(9)曲がった

(10)(れい)自分の背後に軽かいな足音がせまってくるということ。

(11)㋐足音の主　㋑女の子

㋒おどろく(「びっくりする」でもよい。)

考え方　長い文章ですが、主人公の小杉純也の行動と心の動きに気をつけて読みましょう。(3)次の段落に、「純也の作戦」の内容がまとめられています。(4)かなづかいの問題。本書の第六回「かなづかい・送りがな」(24～27ページ)で、「とおる」「とおい」「おおい」などは、「お」と書くことを学習しました。もしまちがえていたら、もう一度おさらいしておきましょう。(6)差を広げられ、おいつけないときの、うしろのランナーたちの気持ちを考えましょう。(7)「歯をくいしばる」は、歯をかたくかんで、一生けんめいこらえることを表す慣用的な表現です。(11)おいつかれるだけでなく、おいついてきたのが女の子であったことに、ひどくおどろいている気持ちを表しています。

仕上げテスト ⑤

1 142ページ

(1)Aウ　Bア　Cエ　Dイ

(2)動物…初見、初鳴きなど(について。)

植物…開花や紅葉、落ち葉(について。)

(3)気象の変化と季節進行の関係

(4)・全国に分布しているから。

・花がいっせいに開き、開花や満開の時期が特定しやすいから。

(5)九州から関

(6)開花の準備を始めるということ。

(7)㋐地球温暖化　㋑秋以降　㋒下がらず

㋓低温

考え方　(2)次の段落に「動物や植物の観察」の具体的な内容が書かれていることに注目します。(3)次の段落は長い文章ですが、その中に「……を調べているのです。」という理由をのべる言い方があることに注目しましょう。(4)次の段落に、「ソメイヨシノは……いるうえ、……ので」という言い方の文があります。この「うえ」は前の事がらにあとの事がらがつけくわわることを表しますので、二つの理由がならべられていることがわかります。(6)前の段落の一つ目の文に「……つぼみの状態で休眠し、……開花の準備を始めます。」とあることに着目しましょう。